HILDA HILST E O SEU PENDULEAR

FUNDAÇÃO EDITORA DA UNESP

Presidente do Conselho Curador
Mário Sérgio Vasconcelos

Diretor-Presidente
José Castilho Marques Neto

Editor Executivo
Jézio Hernani Bomfim Gutierre

Assessor Editorial
João Luís Ceccantini

Conselho Editorial Acadêmico
Alberto Tsuyoshi Ikeda
Áureo Busetto
Célia Aparecida Ferreira Tolentino
Eda Maria Góes
Elisabete Maniglia
Elisabeth Criscuolo Urbinati
Ildeberto Muniz de Almeida
Maria de Lourdes Ortiz Gandini Baldan
Nilson Ghirardello
Vicente Pleitez

Editores Assistentes
Anderson Nobara
Jorge Pereira Filho
Leandro Rodrigues

NILZE MARIA DE
AZEREDO REGUERA

HILDA HILST E O SEU PENDULEAR

© 2013 Editora UNESP

Direitos de publicação reservados à:
Fundação Editora da UNESP (FEU)
Praça da Sé, 108
01001-900 – São Paulo – SP
Tel.: (0xx11) 3242-7171
Fax: (0xx11) 3242-7172
www.editoraunesp.com.br
feu@editora.unesp.br

CIP – Brasil. Catalogação na fonte
Sindicato Nacional dos Editores de Livros, RJ

R269h

Reguera, Nilze Maria de Azeredo
Hilda Hilst e o seu pendulear / Nilze Maria de Azeredo Reguera. São Paulo: Editora Unesp, 2013.

Recurso digital
Formato: ePDF
Requisitos do sistema: Adobe Acrobat Reader
Modo de acesso: World Wide Web
ISBN 978-85-393-0417-2 (recurso eletrônico)

1. Hilst, Hilda, 1930-2004. 2. Literatura brasileira – História e crítica 3. Livros eletrônicos. I. Título.

13-01610

CDD: 809
CDU: 82.09

Este livro é publicado pelo projeto Edição de Textos de Docentes e Pós-Graduados da UNESP – Pró-Reitoria de Pós-Graduação da UNESP (PROPG) / Fundação Editora da UNESP (FEU)

Editora afiliada:

À memória de Hilda Hilst

Ao longo da pesquisa que originou este livro, muitos contribuíram. Registro, aqui, meus agradecimentos aos professores da Unesp, campus de São José do Rio Preto, que, em etapas variadas, avaliaram meus textos – Susanna Busato, Maria Heloísa Martins Dias, Sônia Helena O. Raymundo Piteri e Orlando Nunes Amorim –, e aos professores que participaram da defesa da tese, Elaine Cristina Cintra (UFU) e Fabio Akcelrud Durão (Unicamp), por todas as suas valiosas sugestões.

Agradeço, em especial, a Sérgio Vicente Motta (Unesp), meu orientador, pelo apoio incondicional, e a Eliane Robert Moraes (USP), pelo instigante diálogo.

Gostaria, ainda, de manifestar minha gratidão a meus familiares, em especial a meu esposo Lauro e a meus pais Nilda e José, e a meus amigos, entre eles Veronika, Eduard e seus filhos, capazes de compreender a falência da língua.

XVII

Me cobrirão de estopa
Junco, palha,
Farão de minhas canções
Um oco, anônima mortalha
E eu continuarei buscando
O frêmito da palavra.

E continuarei
Ainda que os teus passos
De cobalto
Estrôncio
Patas hirtas
Devam me proceder.

Em alguma parte
Monte, serrado, vastidão
E Nada,
Eu estarei ali
Com a minha canção de sal.

(Hilda Hilst, *Da morte. Odes mínimas*,
in Hilst, 2003b, p.55)

SUMÁRIO

Prefácio   13

De palavras e corpos, a semeadura de Hilda Hilst   19

1 Entre o(s) expressar(es) lírico,
   dramático e narrativo, a obra hilstiana   23

2 Entre texto e contexto, o expressar(-se) semeado   63

3 Entre o inumano, o humano e o divino, o trânsito   125

Considerações finais: entre o ludismo e a veemência, o jogo
   sedutor do corpoescritural hilstiano   187

Referências bibliográficas   191

PREFÁCIO

Canto como quem risca a pedra.

Hilda Hilst[1]

Em uma das "imagens do pensamento" de seu livro *Rua de mão única*, de 1928, Walter Benjamin fala de um torso de escultura que pode ser identificado concretamente como o torso arcaico de Apolo, que o escritor viu, em 1924, no Museu de Nápoles. Algum tempo depois da visita ao museu, Benjamin escreveu o seguinte aforismo:

TORSO. Somente quem soubesse considerar o próprio passado como o fruto abortado da coação e da necessidade seria capaz de tirar o melhor partido dele, a cada instante. Pois aquilo que um homem viveu pode ser comparável, no melhor dos casos, à bela escultura cujos membros foram quebrados ao ser transportada, e que agora nada mais oferece a não ser o bloco precioso no qual ele tem de esculpir a imagem de seu futuro.

A partir da relação estabelecida entre o passado e a escultura, o aforismo ressalta – uma ideia recorrente no pensamento de Benjamin – a

---

1 *Pequenos funerais cantantes ao poeta Carlos Maria de Araújo* [1967], in Hilst, 2002c, p.24.

escolha pelo passado como "fruto abortado", entendido como ruína e como rastro, como restos que sobram da vida e da história, a partir dos quais o homem, ligado de alguma forma a esse passado, realiza sua tarefa de recolha e decifração. A escultura de Apolo é vista como a ruína presente daquilo que um dia foi, em tempos antigos; o torso que sobrou é efetivamente um destroço – um fragmento, um resto – da escultura, que se apresenta marcado pelas vicissitudes da passagem do tempo, das mudanças espaciais e das transformações históricas, e só pode ser entendido, no presente, por meio de uma reconstrução a partir dessas marcas – talvez fosse melhor dizer uma nova construção, decifradora não apenas daquilo que a escultura poderia ter sido antes, mas principalmente do tempo que sobre ela se depositou e passou a significar para o presente, como a compensar o que perdera, os "membros quebrados".

Da mesma forma, na visão de Benjamin, o passado e a tradição se apresentam àqueles que por ele se interessam, tanto o historiador quanto o poeta e o crítico literário, como "uma catástrofe única, que acumula incansavelmente ruína sobre ruína e as dispersa a nossos pés": cabe a eles, em nome da imagem do seu futuro, "deter-se para acordar os mortos e juntar os fragmentos". No mundo moderno e contemporâneo, esse gesto de juntar ruínas e acordar mortos não é apenas negado pelo discurso dos vencedores e desvalorizado pela maioria, é também incômodo, inclusive para o próprio escritor: o poeta moderno, mesmo a contragosto, passou a ser uma "soma teimosa do que não existe", como diz um verso de Jorge de Sena, um homem que impõe aos outros homens a sua "visão profunda" e que vive "vomitando verdades no ventre desses caciques empombados, dessas medusas emplumadas, vomitando o [seu] ouro no ventre rechonchudo e quente desses dinossauros", como reconhece desesperadamente o Ruiska de Hilda Hilst, porque essa visão, a visão que os dinossauros recusam, é o excesso do mundo em que vivemos, aquilo que sobra, os restos e destroços que ninguém quer ver, aquilo que se varre para debaixo do tapete.

Por outro lado, essa recolha e essa decifração realizadas pelo escritor só podem se dar na linguagem, que transfigura a vivência do mundo em outra experiência, esta de linguagem, experiência que, de certo modo, reduplica e metamorfoseia a referida vivência a partir de uma visão

HILDA HILST E O SEU PENDULEAR **15**

de mundo. Se o torso de Apolo é um fragmento, o texto de Benjamin também o é – como também o são os cinco textos de *Fluxo-floema*; se a escultura é uma ruína, cuja significação foi perdida e precisa ser refeita, o aforismo de Benjamin, ao reconhecê-la desse modo, também se constitui da mesma forma: o "Torso arcaico de Apolo" torna-se apenas *um* torso, uma "bela escultura", um fragmento de um fragmento, recolhido para a elaboração discursiva. Por isso, como texto, o seu modo de articulação é o alegórico, pois, como observa Benjamin em seu *Origem do drama barroco alemão*, "as alegorias são no reino dos pensamentos o que são as ruínas no reino das coisas". Se, por um lado, o observador da escultura precisa construir-lhe um sentido a ser decifrado a partir de suas marcas, das marcas da sua desintegração ao longo do tempo, e se, por outro, a observação do torso levou Benjamin a uma reflexão decifradora, então seu leitor também precisa recolher os elementos da alegoria criada para, por sua vez, decifrá-la e elaborar sua própria reflexão. O modo alegórico reconhece um mundo em fragmentos e torna a experiência desse mundo palpável: o poeta risca a pedra, inscreve nela a sua marca; a crítica recolhe a inscrição para decifrá-la. É este o desafio assumido pelo presente estudo de Nilze Maria de Azeredo Reguera, dedicado à obra de Hilda Hilst.

Essa relação entre o texto que se faz no modo alegórico e o passado entendido por esse mesmo texto como ruína e como fragmento a ser "capturado" pode ser entendida como uma linha de força significativa da literatura da segunda metade do século XX, das diferentes obras surgidas nesse momento histórico, como a de Hilda Hilst. O trabalho de Nilze Reguera é particularmente revelador nesse sentido: trata-se de um exercício crítico de decifração e desvelamento de uma obra tida como difícil, em muito ainda ignorada e desconsiderada, e certamente incômoda, exercício que enfrenta com desabrida coragem e senso de observação aquela que é, talvez, a parte mais "desagradável" e "rumorosa" dessa obra, os textos em prosa de *Fluxo-floema*, um dos livros mais "densos e radicais" da autora.

Hilda Hilst (1930-2004) escreveu por mais de quarenta anos, dedicando-se à poesia, ao teatro, à prosa de ficção e à crônica. Sua obra poética foi saudada, desde o início, com grande entusiasmo,

16 NILZE MARIA DE AZEREDO REGUERA

recebeu vários prêmios literários e foi traduzida para diferentes línguas. Tornou-se já lugar-comum dizer que é considerada pela crítica especializada como uma das maiores escritoras em língua portuguesa do século XX, mas só muito recentemente essa crítica tem dedicado um efetivo esforço em pôr à prova a importância e o valor dessa obra, e ainda assim de forma lacunar: por um lado, valorizam-se alguma poesia e a série de textos ditos "pornográficos" do início dos anos 1990; por outro, pesa ainda o silêncio crítico, por exemplo, sobre a prosa de ficção produzida pela autora nos anos 1970, entre *Fluxo-floema* (1970) e *Tu não te moves de ti* (1980).

O fato de ser dedicado ao primeiro conjunto desses textos de ficção já por si bastaria para dar um lugar de destaque ao trabalho de Nilze Reguera no panorama da fortuna crítica de Hilda Hilst. É uma contribuição relevante não apenas porque submete os textos a uma análise pormenorizada e bem-fundamentada, mas também porque procura situar tais textos tanto no contexto da obra hilstiana, nas suas relações intratextuais, quanto no contexto histórico que subjaz à sua escrita, nas suas relações com seu tempo de criação. A leitura de cada um dos cinco textos de *Fluxo-floema* é feita a partir da observação atenta dos procedimentos textuais empregados pela autora, sobretudo o de alegorização, nas suas diferentes relações internas e externas, num percurso de abordagem que vai paulatinamente desmontando e reorganizando os textos, suas partes e partes outras do conjunto da produção hilstiana que com as primeiras dialogam, de modo a construir significados inusitados e atuais da e para a obra da autora.

Mas há algo mais neste livro, uma espécie de imbricação de si mesmo na problemática que analisa e interpreta. Em um estilo límpido e cuidado, a abordagem da obra de Hilda Hilst é feita também a partir de um procedimento alegórico instigante e produtivo: a escolha pelas imagens do pendulear e da semeadura para demarcarem o percurso analítico permitem não apenas o delineamento progressivo da estruturação dialógica e alegórica dos textos estudados, porque realizado de maneira rigorosa e atenta, mas também, e principalmente, contribuem para a potencialização, pelo texto crítico, da ambivalência tensiva desses mesmos textos, o que quer dizer que a crítica, neste caso, ao invés de

HILDA HILST E O SEU PENDULEAR 17

encerrar a obra numa categorização tranquilizadora, escolhe o caminho mais arriscado, o de construir dialeticamente os sentidos provisórios que a obra vai possibilitando, no seu desdobramento contínuo no tempo. Dessa maneira, ao potencializar a forma dialógica e alegórica dos textos de Hilda Hilst, o texto crítico de Nilze Reguera realiza uma leitura proficiente e criativa desses textos, ao mesmo tempo em que se abre para as leituras futuras deles, e inscreve-se como referência na fortuna crítica da autora de *Fluxo-floema*.

Se, como afirma Benjamin na sua leitura dos românticos alemães, a crítica é "um experimento na obra de arte, através do qual a reflexão desta é despertada e ela é levada à consciência e ao conhecimento de si mesma", então o trabalho crítico de Nilze Reguera cumpre plena e proficuamente seu papel de crítica literária, ao arriscar-se no exercício de decifração e aprofundamento do "risco na pedra" de Hilda Hilst, sem esfumar o seu traço. Resta apenas esperar que, com a sua publicação, cumpra também uma outra e igualmente importante função da crítica: a de deixar a garra de Hilda Hilst, em cada peito de leitor, "cravada para sempre, carregada como um amuleto".

ORLANDO NUNES DE AMORIM
Instituto de Biociências,
Letras e Ciências Exatas
da Unesp, *campus*
São José do Rio Preto (SP)

De palavras e corpos, a semeadura de Hilda Hilst

Ambivalência. Este é o conceito que mais parece se adequar à trajetória de Hilda Hilst, autora que conjugou e se valeu de opostos – contenção e dispersão, ação e inação, vida e morte. Ambivalência que é evidenciada em suas declarações e atitudes e, sobretudo, em sua obra, construída ao longo de mais de quatro décadas. Ambivalência que se deixa ver nas palavras da crítica especializada e do público leitor, muitas vezes se convertendo em radicalização, estando-se "com" Hilda ou "contra" Hilda.

Passado mais de meio século de seu despontar na literatura brasileira, a abordagem de sua obra, embora crescente, ainda parece diminuta em face da envergadura do que Hilst empreendeu. Se, por um lado, há um claro intuito em enfocar os seus textos, desconstruindo o anedotário que a estigmatizou – como o de "velha, louca e bêbada" (Pécora, 2007, p.16) –, por outro lado, a sua produção, com a exceção da comentada série obscena e de um ou outro texto, ainda permanece, de modo geral, ignorada, desconsiderada, ou, até mesmo, evitada. Entre a adesão e a contestação, movimentos da poética hilstiana, é propósito do presente estudo enveredar por *Fluxo-floema* (1970; 2003c), obra que se destaca na produção hilstiana por articular um ambivalente e não menos voraz trato com o corpo e com a palavra – ou, como preferimos, com a língua –, e um olhar crítico e paradoxal em relação à tradição e

20 NILZE MARIA DE AZEREDO REGUERA

à sua época. Os cinco textos nessa obra reunidos – "Fluxo", "Osmo", "Lázaro", "O unicórnio" e "Floema" – permitem que se investigue como Hilda se lançou à ficção após o seu trânsito, desde os anos 1950, pela lírica, e, no final da década de 1960, pela dramaturgia, com uma escrita/escritura que lhe seria peculiar, dinamizada por um movimento de resistência – o qual denominamos *adequação não-adequada*. Foi assim que nos anos mais duros do regime militar, numa época cujas tendências de destaque se relacionavam, mormente, à necessidade de trato com esse contexto ou de verbalização do sujeito em relação ao mesmo, Hilst insistentemente elaborou um tipo de texto que tanto dialogava com a rede de forças então atuantes quanto modulava a aproximação e/ou o distanciamento em relação à mesma, incluindo conflituosamente na cena narrativa os polos de produção e de recepção. O primeiro capítulo, "Entre o(s) expressar(es) lírico, dramático, narrativo, a obra hilstiana", tratará dessas questões, analisando o que representou o lançamento de *Fluxo-floema* na trajetória da autora e na literatura brasileira, bem como o uso de procedimentos consagrados sobretudo no século XX, os quais, presentes em textos anteriores e então associados a outros, contribuiriam incessante e perturbadoramente para o enredamento de seu *pendulear poético*.

Considerando, em certo sentido, a *atuação* de Hilda Hilst e a *performance* requerida na cena poética, discute-se em que medida a eclosão de sua narrativa se fomentou num conjunto de recursos, de índices e de referências que tanto retoma a tradição moderna – entendida, em princípio, segundo O. Paz (1984) – e a rede de interlocução daí oriunda, quanto insere as *personae* que de si e de seus leitores projetou.[1] Se esse olhar em relação à linguagem e à função que à obra de arte e ao artista supostamente caberia marcou a escrita/escritura de interlocutores ou de contemporâneos seus, é com Hilst que esses questionamentos

---

1 Nas palavras do estudioso, tradição corresponderia à "transmissão, de uma geração a outra, de notícias, lendas, histórias, crenças, costumes, formas literárias e artísticas, ideias, estilos" (Paz, 1984, p.17). Consideraremos a tradição moderna como sendo aquela referente às formas e aos ideais artísticos e literários expressos e sedimentados nos séculos XVIII e XIX, colocados singularmente em foco pelas vanguardas nas primeiras décadas do século XX.

HILDA HILST E O SEU PENDULEAR   21

parecem ganhar uma amplitude de destaque, aporética, impulsionada por esse pendulear próprio que se caracteriza, inclusive, pela paradoxal presentificação da ausência. Tem-se, pois, uma *oscilação* da adesão a certas matrizes estéticas ou canônicas, que iria se mostrando aparente ou falaciosa, ao redimensionamento destas, cujo ápice seria a assunção de um estilo radicalizado, de um linguajar inflado, que, por ser também entremeado na intersecção de vida e obra, dar-se-ia como um chamado sedutor, ou até um "embuste" à (parte de) sua recepção. De um polo a outro imperaria o caráter *performático* e, como indagaremos, *performativo* daquilo que se encena/apresenta.

No segundo capítulo, num primeiro movimento, será percorrido o traçado da adesão à desestabilização, investigando nos textos "Lázaro", "Osmo" e "Fluxo" como o mesmo se deu e como a autora foi singularmente se inserindo no mercado literário e empreendendo um contato com o público leitor ou, melhor, com tipos de leitores que, por vezes prolixa, afásica ou ironicamente, chamava à cena narrativa. Assim é que por meio da coexistência da diferença – exemplificada, sobretudo, pela presença da tradição e de sua corrosão, pelo expressar(-se) alegórico de corpo e palavra – é que a obra hilstiana fez-se *semeadura* – uma "semeada", conjugando procedimentos e atuações que retomaria em seus textos vindouros, "dura", valendo-se de uma resistência, já que a língua, a linguagem, ao mesmo tempo em que ostenta e seduz, poderia "violentar" e afastar. À medida que se enredam movimentos de aproximação e de distanciamento, ter-se-ia, então, uma produção que incessantemente *penduleia*, que toca em polos opostos sem a eles aderir. É a partir desse dinamismo que, no terceiro capítulo, "Entre o inumano, o humano e o divino, o trânsito", ao se considerar a corporeidade de texto/palavra e de personagens – uma erótica do corpo e da escritura, isto é, um *tatear* da língua e com a língua –, serão destacados o culminar alegoricamente radicalizado desse expressar(-se) em "Floema", e o sugestivo ou sedutor entremear de "O unicórnio", que indiciaria, na sua "dialética fatal", a movimentação em direção ao polo oposto.

Esse dinamismo não deixa de se reverberar, inclusive, na apreciação crítica que aqui se delineia, pois ainda que o uso de "semeadura" pareça privilegiar uma perspectiva de interpretação diacrônica – que poderia, no movimento oposto ao da escritura, ensejar um viés sublimador –, o que a produção hilstiana articula é justamente a simultaneidade de procedimentos, referências e valores – ao ressaltar a corporeidade, leva insistentemente o leitor-espectador a um (tipo de) contato com a matéria verbal e orgânica, com as palavras, os parágrafos, a página, o corpo do livro, os fluidos, as secreções, os orifícios, as fissuras. Em meio à ostentação e à radicalização de certos procedimentos, *Fluxo-floema* desestabilizantemente alegoriza o trânsito de um polo a outro, nele se entremeando e revelando, na materialidade do corpo carnal e do corpo verbal, o jogo irônico, sedutor e não menos frustrante da e com a língua.

Dessa maneira, tanto a diacronia, procedimento que ilumina a trajetória poética de Hilst, quanto a sincronia, que impulsiona esse ambivalente diálogo, dão-se ao receptor como possibilidades de acesso – ainda que provisórias. O processo de semeação de Hilda Hilst se propaga, pois, por núcleos que, germinados, permitem concomitantemente perspectivas distintas de interpretação – o que reitera, em diferentes níveis, o caráter frustrante e irônico do narrar e da leitura, bem como da arte no final do século XX. *Fluxo-floema*, uma obra exemplar, com seus fluxos e seus floemas, seu dinamismo e sua organicidade, no entrecruzamento de paradigmas, de verticalidade e de horizontalidade, permite adentrar no corpo da escritura hilstiana – ou, no pendular, ser por ela "penetrado" –, observando a madurez de certos procedimentos e o florescimento de outros, num trânsito (a)temporal – entre o passado sedimentado e um futuro ambíguo, (a denúncia de) um presente pungente.

1
ENTRE O(S) EXPRESSAR(ES) LÍRICO, DRAMÁTICO E NARRATIVO, A OBRA HILSTIANA

Todo o meu trabalho é um livro só. Ponho
muitas máscaras para ser sempre a mesma.

Hilda Hilst[1]

Hilda Hilst, reconhecida por parte da crítica como uma autora prolífica nos grandes gêneros literários por ter alcançado "resultados notáveis nos três campos" (Rosenfeld, 1970, p.11), erigiu a sua obra num ponto de intersecção dos mesmos. Esta hibridez, que singularmente caracteriza a sua escritura em nossa literatura, foi na sua fortuna crítica relacionada a uma "anarquia de gêneros" (Pécora, 2005; 2010), pois, ao mesmo tempo em que se enveredou nessa zona intersticial, ela, utilizando-se do próprio alicerce canônico de cada gênero, abalou ou minou essa mesma estruturação. Essa atitude ambígua da escritora, muitas vezes radicalizada, que oscila entre o abarcar e o desestabilizar, e que se revela no corpo textual por meio de recursos expressivos distintos, é também destacada como uma de suas idiossincrasias:

---

1 In Moura, F. "Rica de amores, Hilda Hilst volta em 77 poemas". *Jornal da Tarde*, São Paulo, 12 jun. 1999.

24 NILZE MARIA DE AZEREDO REGUERA

Um dos aspectos mais recorrentes dos textos em prosa de Hilda Hilst é a *anarquia dos gêneros* que produz, como se fizesse deles exercícios de estilo. Melhor dizendo, os textos se constroem com base no emprego de matrizes canônicas de diferentes gêneros da tradição, como, por exemplo, os cantares bíblicos, a cantiga galaico-portuguesa, a canção petrarquista, a poesia mística espanhola, o idílio árcade, a novela epistolar libertina etc. Essa *imitação à antiga* jamais se pratica com purismo arqueológico, mas, bem ao contrário, submete à mediação de fenômenos literários decisivos do século XX: a imagética sublime de Rilke; o fluxo de consciência de Joyce, a cena minimalista de Beckett, o sensacionismo de Pessoa, apenas para referir a quadra de escritores internacionais mais facilmente reconhecíveis por seus escritos, ao lado de Becker e Bataille. (Pécora, 2010, p.10-1, grifo nosso)

As palavras de Alcir Pécora iluminam uma das principais características da produção hilstiana: o "exercício de estilo". Se, por um lado, a concepção de "anarquia", presente nesse comentário ou supostamente oriunda do impacto de uma primeira leitura de Hilda Hilst, poderia remeter o leitor às de "falta de organização" ou da "negação de qualquer princípio organizador ou de autoridade" (Houaiss, 2009), por outro lado, ela seria aparente, visto que ao longo da produção hilstiana parece haver um princípio de concatenação que é, na relação entre enunciado e enunciação, entre o eu-lírico e a "frêmita palavra", pautado pelo *expressar(-se)*.

O que estaria em cena, então, seriam modos de (se) expressar, visto que até mesmo nos textos considerados "mais radicais" pela fortuna crítica – em especial os em prosa, nos quais, por exemplo, há a predominância do "ritmo elocutivo sobre a sequência narrativa" (Pécora, 2010, p.11), dada pela polifonia ou por um fluxo narrativo que parecem desorientar o leitor, bem como de temáticas que se aproximam do grotesco, do mau gosto, do aprisionamento ou da loucura – tanto o personagem-narrador, o narrar e os modos de narrar, quanto o eu-lírico face à experiência poética e ao nomear são colocados em questão.[2]

---

2 Ainda que a definição de "mau gosto" seja discutível e se valha de variáveis relacionadas a uma época ou um parâmetro interpretativo, ela é utilizada a partir dos

HILDA HILST E O SEU PENDULEAR 25

Os gêneros literários, de suportes ou matrizes tradicionais, passariam a se caracterizar, juntamente com a temática que neles se apresenta, como modulações de um mesmo percurso – a própria escritura de Hilda Hilst – que foi cultivado desde o seu texto inaugural, *Presságio*, publicado em 1950.

As primeiras obras de Hilda, lançadas nas décadas de 1950 e de 1960, deixam ver o amadurecer poético da autora, no qual núcleos significativos se fizeram presentes. Na primeira década prevaleceram temas relacionados ao amor e à poesia, destacando-se o emergir da "mulher-poeta" – figura essa que apareceria ao longo de sua produção, também sob mascaramentos outros –, interrogando-se si mesma, o ser amado, o mundo e a própria poesia. Como assinalou Nelly N. Coelho (1999, p.69), num mundo pós-guerra, em meio à Guerra Fria, cerceado por frustrações e questionamentos, poetas como Hilda "falaram sobre o não-falar ou sobre a inutilidade da fala". Em meio ao *Roteiro do silêncio* (1959), essa voz queria se fazer ouvir e, assim, ressaltar, no "poema falho", o "sentimento do mundo" e "o verso antes do canto":[3]

---

argumentos de Umberto Eco (1970), a fim de se destacar, no texto hilstiano, um procedimento de construção e de significação que aponta a sua própria feitura. O uso de uma gama de vocábulos, o modo como os narradores se comportam face ao narrar e como o empreendem são estratégias que dão forma ao "mau gosto" como um recurso metalinguístico e fático, numa tentativa de contato específica com o receptor. Da mesma perspectiva, se a "mistura do animalesco e do humano", o "monstruoso", o "desordenado e o desproporcional" (Kayser, 2003, p.24), surgem como elementos do grotesco, interessa investigar em que medida ele, como característica estético-discursiva, dinamizaria essa relação entre fábula e fabulação a partir do disfórico, das entranhas, do corporal, de relação entre a redundância e o esvaziamento.

3 Carlos Drummond de Andrade (1902-1987), cuja amizade com Hilda suscitou frutos variados entre poemas e confidências, fez-se presente ao longo da trajetória da autora que, por vezes, aludiu ao amigo e lhe dedicou textos.

26 NILZE MARIA DE AZEREDO REGUERA

VIII

O poema não vem.
E quando vem é falho,
impreciso.
Este canto sem nome
é um apelo
aos homens à escuta
e às mulheres.

Há tempos que a sua ausência
ronda os caminhos do sono
envolve-se igual à rede
no mistério de minha vida.

Boiavam antes os peixes
à tona do pensamento.

Havia estrelas do mar
no fundo dos castiçais.

(*Balada de Alzira* [1951] in Hilst, 2003a, p.77)

Ao iluminar o lugar de poeta e a sua condição, por vezes, falha, contraditória – "falar sobre o não-falar", a inutilidade da fala, ou, ainda, evidenciar o silêncio – Hilst inicialmente se valeu de temas e recursos expressivos que, em diferentes intensidades, mostrar-se-iam presentes em sua obra e que se confluiriam em direção a um mesmo paradigma – o da *adequação não-adequada*. Parece ser esse o fluxo motriz da produção hilstiana, que ganha amplitude desde os seus primórdios, e que a caracteriza, já que a autora soube empregar gêneros, procedimentos e temas – inclusive os que não estavam em voga na época em que deles se utilizou – imprimindo-lhes uma digital própria, ou, ainda, colocando--os paradoxalmente em xeque ou levando-os a um patamar outro.

Na década de 1950, numa época em que se destacavam tanto autores relacionados à Semana de Arte Moderna ou dela filiados quanto a chamada "Geração 45", que buscava dar uma voz outra à lírica, Hilda entoa um lirismo próprio que fertilizaria, numa certa medida, o seu terreno poético:

Não há silêncio bastante
Para o meu silêncio.
Nas prisões e nos conventos
Nas igrejas e na noite
Não há silêncio bastante
Para o meu silêncio

Os amantes no quarto.
O rato no muro.
A menina
Nos longos corredores do colégio.
Todos os cães perdidos
Pelos quais tenho sofrido
Quero que saibam:
O meu silêncio é maior
Que toda solidão
E que todo silêncio

(Roteiro do silêncio [1959] in Hilst, 2002c, p.201)

Um silêncio que queria se fazer ouvir – essa paradoxal coexistência dinamizaria a sua produção, fazendo com que cultivasse o seu próprio leito – uma espécie de veio híbrido na literatura. Assim, não iluminou o primado da forma nem se declarou a ele oposta, procurando retomar "o verso de sabor romântico, parnasiano e simbolista", ou voltar à "métrica e à rima" (Sant'Anna, 1983, p.278). Essa não-filiação *stricto sensu* a movimento, grupo ou tendência literários, que mormente caracteriza a adequação da produção hilstiana a si mesma, Hilst levaria ao longo de sua trajetória literária, não aderindo, na referida época, ao ciclo das vanguardas, marcado, como ilustrado por Sant'Anna (ibidem, p. 281), pelo Concretismo (1956), pelo Neoconcretismo (1958), pela Tendência (1957), pelo Violão de Rua (1962), pela Práxis (1962), pelo Poema Processo (1967) e, de certa forma, pelo Tropicalismo (1968). E, em certo sentido, ao longo de sua trajetória pessoal, fomentando, sobretudo junto ao grande público, uma imagética acerca de si, de sua obra e do que seria o papel do artista. É assim que declarações suas ganhariam destaque por se referirem,

28 NILZE MARIA DE AZEREDO REGUERA

de modo até contundente, a autores que lhe eram contemporâneos, como João Cabral de Melo Neto ou Haroldo de Campos, aos seus projetos poéticos e ao distanciamento que ela aparentava em relação aos mesmos. Nesse veio, no final da década de 1950, o eu-lírico confessional dos primeiros poemas voltou-se à natureza e aos animais, "aspirando diluir-se no estágio anterior à consciência crítica que o faz sofrer" (Coelho, 1999, p.70), para, posteriormente, direcionar-se ao paradigma do amor. Dessa época destacam-se obras como *Trovas de muito amor para um amado senhor* (1960), cuja reatualização do soneto camoniano, muitas vezes sob um viés irônico ou disfórico, fomenta a tentativa de "integração amorosa eu-outro" (Coelho, 1999, p.71), e *Trajetória poética do ser I* (1963-1966), da qual foi transcrito o poema a seguir, que conjuga, num "aconselhamento" peculiar, a busca pela essência ou por uma identidade que, marginais, parecem ser despidas de palavras:

6

Despe-te das palavras e te aquece.
Toma as mãos esses odres de terra
E como quem passeia, leva-os ao mar.
Se tudo foi dado em abundância
O sal e a água de uma maré cheia
Eu te darei também a temperança.

Deita-te depois e vibra a tua garganta
Como se fosse o início de um cantar.
Não cantes todavia.
Aqui, zona de tato e de calor, margem do ser
Larga periferia, olha teu corpo de carne
Tua medida de amor, o que amaste em verdade.
O que foi síncope.
Todavia não cantes na perplexidade.

(Hilst, 2002c, p.78)

HILDA HILST E O SEU PENDULEAR 29

"Larga periferia". É essa a imagem que poderia ser, em princípio, relacionada à obra de Hilda Hilst. A *adequação não-adequada* deslocou-a tanto do cânone literário quanto das vanguardas em voga, fazendo, ainda, com que cultivasse sementes outras: as da dramaturgia e as da prosa. Se, inicialmente, a relação entre obra e vida, direcionada pela atitude e pelo expressar(-se) da mulher-poeta, já se fazia ver na poética hilstiana, em meados da década de 1960 ela adquire uma modulação particular: nos fluxos da aproximação e do distanciamento, vida e obra se permeiam intensamente. Nessa época, a mudança de Hilst para as terras de sua mãe ganha destaque significativo, como informam os *Cadernos de Literatura Brasileira* (1999, p.10):

> [Em] 1963 [p]assa a viver na Fazenda São José, propriedade de sua mãe, a 11 quilômetros de Campinas. Abdica da vida de intenso convívio social para se dedicar integralmente à literatura. A mudança radical fora inspirada pela leitura de *Carta a El Greco*, do escritor grego Nikos Kazantzakis. Entre outras ideias, a obra defende a tese de que é necessário isolar-se do mundo para tornar possível o conhecimento do ser humano.

O anedotário relativo à sua *persona* passa a ser fomentado por esse aparente ou suposto isolamento, o qual suscitaria o trato do artista/criador com os seus impulsos e o seu texto:

> A urgência de isolamento foi, então, apenas a da escritora que queria se dedicar exclusivamente à literatura? HILDA: Eu precisava de certo isolamento porque eu queria muito escrever, sabia que tinha alguma coisa importante a dizer. Em São Paulo eu tinha uma vida muito divertida, mas isso me distraía muito do meu trabalho. Então chegou uma hora que me perguntei: o que você quer fazer de verdade, Hilda? Resolvi escrever porque foi imperioso. Minha mãe [...] me deu três alqueires de presente. Foi onde construí minha casa, a Casa do Sol. Mudei para cá porque queria ser menos interrompida. Este ano o Mora Fuentes e a Olga estão iniciando o processo para uma fundação com a Casa do Sol, que se dedicará aos estudos da alma. Isso inclui arte e literatura e também pesquisas sobre a imortalidade." (Hidalgo, 2002, s.p.)

Se, por um lado, esse ato ganha significação por caracterizar um contato mais íntimo de criador-texto, por outro, ele explicita, de modo até voraz, o contato com a tradição e a contemporaneidade, pela intensificação de questionamentos referentes ao relacionamento amoroso, à experiência metafísico-existencial, a Deus, à relação sagrado-profano, ao criar e ao dizer. É nessa relação entre o exterior e o interior que Hilst empreende os seus "exercícios":

Exercício n.1

Se me permitires
Traço nesta lousa
O que em mim se faz
E não repousa:
Uma Ideia de Deus

Clara como Cousa
Se sobrepondo
A tudo que não ouso.

Clara como Cousa
Sob um feixe de luz
Num lúcido anteparo.

Se me permitires ouso
Comparar o que penso
A Ouro e Aro
Na superfície clara
De um solário.

E te parece pouco
Tanta exatidão
E que não ousa?

Uma Ideia de Deus
No meu peito se faz
E não repousa.

E o mais fundo de mim
Me diz apenas: Canta,
Porque à tua volta
É noite. O Ser descansa.
Ousa.

(*Exercícios para uma ideia* [1967] in Hilst, 2002c, p.29)

A década de 1960 se mostraria de fundamental importância. Nela, a partir do gesto emblemático de assunção do escrever, no qual se fundem vida e obra, ou dessa "ideia que não repousa", Hilda *ousaria*, como aponta Nelly N. Coelho (1999, p.72-3), abalando ou rompendo "com toda a sua força" as fronteiras entre os gêneros literários, a relação entre os polos de produção e de recepção, qualificando como "pouca" a "exatidão que não ousa", dialogando criticamente com as forças de expressão. Ela:

> [...] atende ao apelo do eu-poético, e a partir daí sua *ousadia* assume outras dimensões. Sobrevêm sete anos de silêncio poético (67/74), durante os quais nascem a ficcionista e a dramaturga, – ambas em busca de uma nova linguagem ou uma nova forma mais adequada ao novo dizer. Nesse período, dá-se uma extraordinária transformação no ato criador hilstiano. É como se tivessem rompido as comportas de um dique e as águas se precipitassem livres em toda a sua força selvagem. (ibidem, p.72-3, grifo da autora)

Se a posição de Hilst parece se lançar num veio próprio, as suas afinidades ou filiações se apresentam, porém, de modo ambíguo. Ao mesmo tempo em que dedica textos e obra a autores de sua preferência, ou a eles alude, direta ou indiretamente – Franz Kafka, James Joyce, Samuel Beckett, Nikos Kazantzakis, Rainer Maria Rilke, Fernando Pessoa, Georges Bataille, por exemplo –, como também o faz a amigos do meio artístico ou a familiares – Lygia Fagundes Telles, Carlos Drummond de Andrade, Caio Fernando Abreu, sua mãe Bedecilda Vaz Cardoso, seu pai Apolonio de Almeida Prado Hilst – ela, ao tecer esse gesto, semeia sua produção num terreno intersticial, no qual essas ramificações literárias, sua vida e sua obra se relacionam intensamente. Ao mesmo tempo em que Hilda apresenta em seu texto um autor ou

32 NILZE MARIA DE AZEREDO REGUERA

uma personalidade, ela passa a dialogar com ele ou ela, com a tradição que representa, de modo a inserir o seu próprio texto num terreno específico, cuja técnica já havia sido fertilizada na literatura brasileira por autores como Guimarães Rosa e Clarice Lispector.

É sabido que estes dois autores, que despontaram em meados do século passado, são atualmente canonizados e referência para a produção que lhes foi concomitante ou posterior. Acerca da tradição que consolidaram e da qual Hilda reiterada e ambivalentemente valer-se--ia em sua prosa, é válido ressaltar as palavras de Antonio Candido (1996) que, ao se referir ao impacto provocado pelas prosas de Rosa e de Lispector e à decorrente necessidade de mudança do parâmetro de avaliação crítico-receptivo, destaca o "esforço de invenção da linguagem" empreendido por ambos. Supomos que em Hilst – e esta hipótese será enfocada ao longo deste livro – essa tradição da escrita e, assim, da escritura, é intensificada e colocada numa zona intersticial em que a adesão à mesma e a sua desestabilização se concatenam por uma gama recursos destacadamente entremeados em *Fluxo-floema*.

Tem-se, então, a concomitância da adesão – que na tensão entre a fábula e a fabulação vai se revelando simulada – e de sua consequente exacerbação, que caracteriza, de modo geral, a produção hilstiana – um tipo de texto que relaciona de maneira tensa o interior e o exterior ou, utilizando termos consagrados pela teoria, a "autorreflexividade" e a "fundamentação histórica", "*atua[ndo] dentro das convenções*" (Hutcheon, 1991, p.15, 22, grifo nosso). Se, por um lado, para o discurso teórico, esse procedimento poderia ser identificado ao chamado "pós-moderno", por outro, face à amplitude do projeto literário hilstiano, tecido ao longo de décadas, é pertinente acentuá-lo conforme o próprio dinamismo da escritura em sua *adequação não-adequada*, na qual movimentos oscilatórios enredam um (suposto) mau gosto, o grotesco, a ironia[4],

---

4 As noções de "ironia" e de "humor" se encontram relacionadas na medida em que ambas, em princípio, "parecem pressupor a inteligência, não só de quem o produz mas também do ouvinte e do destinatário" (Moisés, 2004, p.226). Em Hilst, o uso desses recursos se dá junto a essa oscilação que coloca em cena o texto e os seus prováveis receptores, ambos em meio a uma rede de referências advindas da relação entre vida e obra. Esses recursos cumprem, no

HILDA HILST E O SEU PENDULEAR **33**

o humor[5] e uma singular *ostentação verbal*. Dessa perspectiva, interessa analisar, a partir da constatação da falência das utopias modernas ou vanguardistas, que explicita a acurada consciência crítica de Hilst em

---

mínimo, função metalinguística e fática, ao ensejarem um trato ambíguo com o receptor – requerendo a sua inteligência e, ao mesmo tempo, dela desconfiando –, o qual, inevitavelmente, acaba sendo convocado ao palco narrativo. A ironia – que semanticamente propicia um contraste entre o que é falado e o que, de fato, é dito – também se vale de um alcance pragmático, o qual tende a cumprir uma função avaliadora. Como discutido por L. Hutcheon (1989, p.73), "a ironia funciona, pois, quer como antífrase, quer como estratégia avaliadora que implica uma atitude do agente codificador para com o texto em si, atitude que, por sua vez, permite e exige a interpretação e a avaliação do descodificador. Tal como a paródia, a ironia é também [...] um ato interpretativo [...] evocado pelo texto. Ambas devem ser, portanto, trabalhadas pragmática e formalmente".

5   S. Freud (1977), em textos como "Os chistes e a sua relação com o inconsciente" e "O humor", discute conceitos relativos a essa questão, destacando os de "chiste", "humor" e "cômico". Para ele, o chiste, uma formação inconsciente, que se manifesta por meio de um jogo de linguagem – como o termo "familionário" (Freud, 1977, p.32-3) –, vem à tona sob certa pressão, e requer a sua confirmação por parte do receptor, que se dá, geralmente, pela gargalhada. Já o cômico se caracteriza por uma certa discrepância entre a expectativa gerada pelo ato e a sua realização, pondo em evidência uma despesa psíquica maior do que a necessária – ou seja, baseia-se numa relação de desigualdade e também depende que o receptor a constate. Ambos "têm algo de liberador, mas só o humor é que possui qualquer coisa de grandeza e de elevação, que falta às outras duas maneiras de obter prazer da atividade intelectual. Essa grandeza reside no triunfo do narcisismo, na afirmação vitoriosa da invulnerabilidade do ego." (Freud, 1974, p.90). O humor, portanto, é "rebelde" por corresponder à vitória do princípio do prazer face à realidade. "Para Freud, o humor é superior [ao chiste e ao cômico] pois é o único que, interferindo diretamente sobre a realidade – considerando que a realidade humana é formatada pela linguagem –, obtém uma vitória sobre ela. Uma "vingança verbal"; [...] vingança que preserva o *eu* de ser aniquilado pelo real" (Kehl, 2002, p.173, grifo da autora). Na linha teórica de que se valeram autores como H. Bergson (2007), o humor se caracteriza como uma predisposição do espírito para o cômico, tendo como resultado o riso, sendo característica essencialmente humana e que coloca o sujeito perante a vida, a sociedade, si próprio. "No contexto literário, o humor é fundamentalmente a capacidade de exprimir as excentricidades de determinada ação ou situação que são suscetíveis de provocar o riso. Contudo, apesar de afirmar ou denunciar aquilo que é potencialmente risível, o humor não é forçosamente alegre" (Castro, 2009a).

34 NILZE MARIA DE AZEREDO REGUERA

relação à literatura e à sua época, um movimento de *resistência* na e da própria obra, o qual apontaria, inclusive, a falência de qualquer intuito de apreensão ou de estancação.

A isso se junta, ainda, a radicalização marcante não somente de seu percurso, mas também da tradição moderna, e que lhe permitiria cultivar de modo próprio o legado dos escritores do século XIX e, sobretudo, do XX – os seus interlocutores –, fazendo disso um gesto ambivalente. Antonio Candido (1990, p.4), na análise das relações entre radicalismo e pensamento conservador da primeira metade do século passado, afirmando que "investigar os traços de pensamento radical é condição indispensável para o exercício adequado e eficiente das ideias de transformação social, inclusive as de corte revolucionário", fornece elementos para que outra investigação – esta no contexto da segunda metade, especialmente no período ditatorial – instale-se: em que medida Hilda Hilst, ao se valer de um processo de acirramento – que, por vezes, culminaria numa radicalização ostentada por meio de sua escrita e de sua imagem como escritora – forneceria os elementos para que fosse problematizada a relação entre arte e sociedade, tipificada pela noção de transformação social?

O que Hilda teceu na referida década colocou em foco, junto ao próprio acirramento, questões prementes, ao mesmo tempo em que não abdicou de um tipo de texto e de trato com o mercado e o público que lhe caracterizariam particularmente – e, como será analisado, em seu próprio jogo, radicalmente. É assim que, por exemplo, essas referências ao mundo artístico, em especial à literatura do século XX, e a seus amigos e familiares, como também as suas *personae* seriam apresentadas em seus textos como "personagens", em meio a um processo de ficcionalização – ou como "espectros"[6], projeções, que, ao desestabilizarem a noção de tempo, inserem si mesmas e o texto num circuito paródico, marcado pela coexistência da diferença, ou seja, pela "repetição com

---

6 "1. suposta aparição de um defunto, incorpórea, mas com sua aparência; fantasma; 2. evocação obsedante; 3. coisa vazia, falsa; ilusão" (Houaiss, 2009).

HILDA HILST E O SEU PENDULEAR **35**

distância crítica, que marca a diferença em vez da semelhança" (Hutcheon, 1989, p.17).[7]

A "evocação obsedante" ao pai, que, como Hilda afirmou, "foi a razão de [ela] ter [se] tornado escritora" (*Cadernos...*, 1999, p.27), tanto no que se refere à produção poética quanto aos índices que permeiam a vida de ambos, sobretudo aqueles relacionados à morte, à loucura e ao embaralhamento destas, indicia, por assim dizer, o *modus vivendi* e *operandi* hilstiano, instalado entre vida e obra, tradição e desestabilização, loucura e sanidade. Ao se terem esses elementos nesse espaço intersticial, mais uma vez se tem acentuada a sua *adequação não-adequada*, já que num conjunto de obras então contemporâneas, os mesmos se fizeram presentes de outra forma, como ressaltam Heloísa B. de Hollanda e Marcos A. Gonçalves (1979-1980, p.63):

[...] no sufoco da virada dos 60 para os 70, a valorização das possibilidades de percepção que a loucura e as experiências alucinógenas traz – ou a "nova sensibilidade" como foi chamada, torna-se um elemento fundamental das opções estéticas e sobretudo existenciais da contracultura brasileira. E aqui temos, no mínimo, dois conteúdos: a loucura enquanto forma de transgressão da ordem institucional e social, e loucura enquanto liberadora de um discurso fragmentário que, de certa forma, checa e critica o modelo racionalizante do pensamento ocidental burguês. São desse tempo os tra-

---

7 O circuito de produção da escritura hilstiana foi dinamizado até mesmo pelo modo como suas obras foram lidas, divulgadas: é fato recorrente a reorganização de textos seus e a posterior publicação em arranjos textuais outros. Isso ocorreu com *Ficções* (1977), que é composto por *Fluxo-floema* (1970), pelo segundo livro em prosa, *Qadós* (1973), e pelo conjunto de textos denominado *Pequeno discurso. E um grande* (1977). Outros volumes surgiriam como (re)arranjo de sua prosa: *Com meus olhos de cão e outras novelas* (1986) trouxe o inédito "Com os meus olhos de cão", bem como *A obscena senhora D.* (1982), *Tu não te moves de ti* (1980b), "Qadós" (1973) e "Floema" (1970). Em 1993, foi publicado volume com *Rútilo nada, A obscena senhora D., Qadós*. A partir de 2001, por ocasião da divulgação da obra completa pela editora Globo, os textos foram assim reagrupados por Alcir Pécora, organizador da coleção: *Qadós* (1973) foi renomeado como *Kadosh* (2002d), a pedido de Hilst; *Rútilo nada* (1993) e os textos que compõem *Pequenos discursos. E um grande* (1977) foram reunidos em *Rútilos* (2003d). *Com os meus olhos de cão* (2006a) compôs volume homônimo.

36 NILZE MARIA DE AZEREDO REGUERA

balhos de Torquato Netto reunidos no livro *Os últimos dias de paupéria*, os textos que compõem a publicação *Navilouca* e outros trabalhos onde as novas formas de apreensão do mundo se revestem de um forte teor crítico e anárquico.

Se, por um lado, a loucura presente no discurso de certas personagens poderia instaurar uma forma de questionamento da ordem instituída, por outro, vista nesse entremeio, ela poderia suscitar não apenas um movimento centrífugo, mas um movimento autorreferencial que ilumina a própria constituição do texto hilstiano. Esse ato de se (auto) referir que também impulsiona o discurso da autora traz à tona a sua relação com a palavra e o escrever, e com o próprio viver. Se obra e vida se aproximam e se distanciam, o dizer e o viver são circundados pela morte, ora vista como índice da impossibilidade de comunicação ou da falácia do próprio expressar(-se), ora como uma personagem que vagueia nesse entremeio, sedutoramente corporificando uma possibilidade de contato ou de suposto entendimento. Não é sem propósito que Hilda lançaria, em 1980, *Da morte. Odes mínimas*, em que "anulando toda a distância entre si mesma e a Morte, a poeta entra na intimidade dessa temerosa figura, revelando-a essencialmente participante da Vida." (Coelho, 1999, p.75):

XXXII

Por que me fiz poeta?
Porque tu, morte, minha irmã,
No instante, no centro
de tudo o que vejo.

No mais que perfeito
No veio, no gozo
Colada entre mim e o outro.
No fosso
No nó de um ínfimo laço
No hausto
No fogo, na minha hora fria.

HILDA HILST E O SEU PENDULEAR 37

Me fiz poeta
Porque à minha volta
Na humana ideia de um deus que não conheço
A ti, morte, minha irmã,
Te vejo.

(Hilst, 2003b, p.60)

Conforme N. N. Coelho (1999), indagações referentes ao amor, à morte, a Deus e ao sagrado são as linhas de força da poesia hilstiana nas décadas de 1980 e de 1990. Nessa fase, intensificou--se o diálogo da autora consigo mesma e com a tradição de que foi herdeira, como também a modulação da temática e dos registros discursivos à sua maneira. A isso se associou a "metamorfose", entendida como imagem e procedimento que dão forma ao tecido escritural, e que permitiu à escritora se colocar frente a questões de seu tempo, sempre, porém, no fluxo de seu veio. É assim que "hilstianamente" ela soube entremear os elementos do processo de enunciação com o contexto em que se via, de modo a elaborar textos variados, nos quais apontava tanto as modulações de seu dizer quanto as supostas incompletudes do (seu) ser ou do "ser poeta". Nesse sentido, a sua lírica,

Como toda grande poesia (a que é tecida por um *eu* interior centrado em si e ali buscando a porta de acesso ao Enigma da Vida), [...] expressa em seu suceder as metamorfoses de nosso tempo. Ou melhor, algumas das interrogações mais radicais do pensamento contemporâneo: - uma, de natureza física (psíquico-erótica), centrada na Mulher, cujo *eu*, através da fusão amorosa com o outro, busca em si a verdadeira imagem feminina e o seu possível novo lugar no mundo; e - outra, de natureza metafísica (filosófico-religiosa), centrada no além--aparências, ou melhor, no espaço-limiar entre o profano e o sagrado, tenta redescobrir o ser humano, as forças terrestres e a própria Morte, como elementos indissociáveis e integrantes do grande mistério da vida cósmica (Deus, o Absoluto, o Princípio primeiro...). (Coelho, 1999, p.67)

38 NILZE MARIA DE AZEREDO REGUERA

"Ambivalência", "anarquia", "metamorfose", conceitos que não apenas delimitam o linguajar crítico-avaliativo em relação à sua produção, como também trazem à tona as vicissitudes do que cultivou e que culminaram, sobretudo, com o paradoxo e/ ou a radicalização. Compreender a obra hilstiana e o seu lugar é se meter nesse terreno, cujas primeiras sementes foram as da lírica. É, portanto, a partir da indagação que o eu-lírico hilstiano – a mulher-poeta – busca marcar o seu lugar no mundo, no mundo da linguagem. Como foi salientado, à marcação desse lugar, ou desses lugares, correspondem distintas modulações, motivadas pela necessidade de uma abordagem redimensionada: na dramaturgia e, sobretudo, na prosa, sobrevêm a relação entre o contexto da época e os polos de produção e de recepção. Se, especialmente ao longo da década de 1970, ganharia destaque "o investimento na necessidade de contar e dizer a *realidade*" (Hollanda; Gonçalves, 1979-1980, p. 57, grifo dos autores), em Hilst ele eclodiria de um modo, no mínimo, perturbador – por exemplo, com uma personagem face ao imperativo de se expressar, mesmo não tendo o que falar; com leitores curiosamente caracterizados como "burros" ou "vis". Dessa forma, a partir de 1967, quando passou a se dedicar à dramaturgia e, posteriormente, à prosa, Hilda:

> Entregando-se à invenção febril de uma linguagem metafórica (ou alegórica) forte, satírica e contundente, [...] aprofunda sua sondagem do *eu* situado no mundo, em face do *outro* e do *mistério* cósmico/divino que o limita. Agora essa busca do autoconhecimento cava mais fundo. Rompe violentamente as exterioridades da vida cotidiana, para investigar o fundo do poço: o *eu-desconhecido*, que há em cada um de nós, à espera (ou com medo) de ser descoberto.
>
> Nessa produção ficcional ou teatral, HH rompe o círculo mágico de seu próprio *eu*, tal como vinha se manifestando em sua poesia, para lançar-se na voragem do *eu-outro* em face do *enigma* (da existência, da Morte, de Deus, da sexualidade, da finitude, da eternidade...). (Coelho, 1999, p.72-3, grifo da autora)

HILDA HILST E O SEU PENDULEAR **39**

A dramaturgia hilstiana, aflorada entre 1967 e 1969, é claramente marcada, na relação *eu-outro*, por um diálogo com o contexto ditatorial e os mecanismos de repressão desse sistema.[8] Se à busca pelo autoconhecimento – acentuadamente salientada pelo gesto radical da poeta – e pelo conhecimento desse "eu-desconhecido" correspondem novas formas de linguagem, a matriz dramática, nesse ponto da trajetória hilstiana, é permeada pelas nuances desse imperativo. Ao mesmo tempo em que nos textos teatrais se ilumina a voz autoritária, arrogante e repressiva, têm-se personagens cuja voz, face a essa necessidade ou à opressão do sistema, mostra-se falha, inócua. Note-se na primeira peça, *A empresa (A possessa)*, de 1967, América, uma "mulher jovem, [de] personalidade muito acentuada" (Hilst, 2008, p.23), que tem a sua "luz" devorada pelas engrenagens de Eta e Dzeta, após ter entrado em discordância com os seus superiores e o meio em que vivia, por não ter sido por estes aliciada. Nas cenas finais se lê:

---

8 Parte do teatro hilstiano permaneceu inédito por décadas. "O verdugo" (1969), texto que conquistou o prêmio Anchieta da Secretaria do Estado da Cultura de São Paulo no referido ano, foi publicado no ano seguinte sob a supervisão dessa mesma Secretaria. "As aves da noite" (1968), "O novo sistema" (1968) e "A morte do patriarca" (1969) permaneceram inéditos até 2008, quando foi lançado pela Editora Globo o volume *Teatro completo*. As demais peças haviam sido veiculadas em *Teatro reunido I*, pela Nankin Editorial, em 2000. Comentou-se a respeito da dramaturgia hilstiana, por ocasião do lançamento por esta última editora: "Ao compor com os olhos de dentro, os personagens da dama HH expressam a angústia da busca por uma verdade, que valide o sentido da existência; mas essa busca é sempre ofuscada pelas arbitrariedades do poder [...]. Haja vista que se trata de textos que não oferecem as costumeiras concessões abertas a públicos sempre ávidos por rir e aplacar um pouquinho do doloroso conjunto de dissabores da vida. Talvez por isso sua dramaturgia também interesse tão pouco a grupos e diretores de teatro, de modo geral, pouco hábeis em construir com seus públicos novas formas de comunicação que não cedam ao riso fácil ou, por outro lado, ao hermetismo caquético. [...] Não são peças de fácil leitura, no sentido que não oferecem enredos muito aparentes, seus personagens são substantivos demais para serem simples cópias da vida, os ambientes carregam uma atmosfera claustrofóbica e o gênero é híbrido [...]" (Salomão, 2000).

40 NILZE MARIA DE AZEREDO REGUERA

A Primeira Cooperadora aproxima-se de onde está América e retira do bolso um pequeno bloco onde tomará notas. A Segunda Cooperadora está neste instante examinando América, tomando a pulsação e examinando o coração com um estetoscópio.

PRIMEIRA COOPERADORA (*para a Segunda Cooperadora*): Então... seu diagnóstico preliminar?

SEGUNDA COOPERADORA (*com alguma ironia*): Bem... um coração ardente.

PRIMEIRA COOPERADORA: E a pulsação?

SEGUNDA COOPERADORA: Um pouco acelerada, mas é tão normal num caso assim.

PRIMEIRA COOPERADORA: Ela já pode começar?

SEGUNDA COOPERADORA: Imediatamente. Eta e Dzeta estão em péssimo estado.

PRIMEIRA COOPERADORA: Então comece. Rápido.

SEGUNDA COOPERADORA: América, daqui por diante, você tomará conta das pequenas coisas. Chamam-se Eta e Dzeta. Vê como são bonitas... (*com melosidade na voz, e um certo tom burlesco*) brilhantes, veludosas, não te vêm à cabeça os brinquedos de antes, de pelúcia? E ao mesmo tempo que ritmo, que astúcia nesse caminho... vê só... de ida e volta. E que graças nas garras, que brilhosa aquela segunda garra esmaltada de rosa. América, toda essa sutileza, essa fina apreensão de Eta e Dzeta, nós devemos à técnica. E essa delicada aparência, esse existir astuto e moderado, tem infinitas conotações éticas e estéticas. E... bem, o mecanismo é aparentemente simples, mas que complexidade nisso de devorar a luz dos outros (*América dá sinais de extrema perturbação, percebe-se que ela está em agonia. Isso não é apenas pelas Cooperadoras, porque a segunda está encantada com o próprio discurso, e a primeira encantada em ouvi-lo*)... e existir através de alheias luminosidades. Se há luz, (*toca o próprio peito*) aqui por dentro, Eta e Dzeta devoram... (*sorri*) mas só por um momento. Em seguida, transformam o teu pretenso vulcão em sábio entendimento. E há coesão, harmonia, surpreendente limpeza, e mais: (*com rigidez*) No fundo dessas carapaças quase imateriais, há o poder de impulsionar e dirigir seguidas gerações. (*América imobiliza-se. Está morta. O ruído de Eta e Dzeta começa gradativamente seu ritmo normal*) Não é magnífico que a cabeça do homem tenha conseguido com tanta liberdade inventar algo que substitua sua própria cabeça?

HILDA HILST E O SEU PENDULEAR 41

A Segunda Cooperadora, ainda muito maravilhada com as palavras que acabou de pronunciar, maravilha-se ainda mais quando o ruído de Eta e Dzeta está intenso e perfeito. Então olha para América, e em seguida para a Primeira Cooperadora, com evidente encantamento. SEGUNDA COOPERADORA (tom neutro): Ela morreu. (pausa. Maravilhada e para a Primeira Cooperadora) Olha... Eta e Dzeta começaram de novo... salvaram-se. [...]. (ibidem, p.96-7, grifo da autora)

O que o modular dramático suscitaria, na sua estruturação dialógica em que o *eu* e o *outro* se aproximam e se distanciam na cena textual e na relação texto-contexto, seria a herança moderna que, ainda presente, seria denunciada em suas utopias e falácias. Os mitos da máquina e do progresso – que nas vanguardas do início do século XX tiveram um papel fundamental, por vezes contraditório – são então evidenciados, a partir de sua estruturação e de sua ideologia, em seus aspectos arruinados. Sob esse prisma, eles – projetados como uma infinda promessa na primeira parte do século, e então recauchutados pelo apelo kubistchekiano de "50 anos em 5" e pelo desenvolvimentista "milagre econômico" – foram por Hilda alegoricamente (re)atualizados sob o prisma da necessidade de (se) comunicar.[9]

Considerando-se essa problemática, A empresa poderia ser lido, na evocação obsedante do circuito paródico, em cotejo com Na colônia penal, de F. Kafka (1996), publicado originalmente em 1914, no qual "se relata a transformação de uma complexa maquinaria de domínio e punição em um angustiante instrumento de autotortura e

---

9 Vale lembrar que no momento em que Hilst provavelmente escrevia a sua dramaturgia e os seus primeiros textos em prosa "vivia-se no Brasil o período mais duro da ditadura militar implantada em 1964. Eram os anos do governo do general Garrastazu Médici (1969-1974). A censura estava institucionalizada, a tortura aos presos políticos corria solta. A repressão e o clima de terror que o Estado ditatorial impôs em nome da "Segurança Nacional" e do "combate à subversão comunista" haviam desagregado e reduzido ao silêncio os movimentos sociais. [...] Aqueles eram também os anos do chamado "milagre econômico". O governo e os empresários estavam eufóricos com os altos índices de crescimento apresentados pela economia brasileira. E a propaganda mundial prometia que até o ano 2000 o Brasil seria elevado à categoria de "Grande Potência Mundial" (Habert, 1996, p.7-8).

42 NILZE MARIA DE AZEREDO REGUERA

autodestruição" (Subirats, 1987, p.44).[10] A apologia à técnica ritmada por Eta e Dzeta dá-se com a apreensão da "luz"/a morte de América, e o silenciar desta personagem se revela como o (perverso) triunfo do sistema – fato que acarretaria a falência do mesmo.

Se, por um lado, parece haver a verbalização do silêncio da repressão e da opressão, por outro, na urgência de (se) denunciar, parece haver inclusive o diálogo com a tradição moderna e com as suas utopias – procedimento que, direcionado por um distanciamento crítico e irônico, permite a coexistência dessa tradição e da sua corrosão. Além de alegorizarem o sistema ditatorial, a tensão entre as personagens América – nome não menos sugestivo –, e as cooperadoras, bem como o que Eta e Dzeta representam, instalam-se no próprio conflito relativo a essas utopias e inerente ao que a maquinaria e o progresso utopicamente projetaram:

> [...] o conflito entre a racionalização integral da cultura e a irracionalidade de seus fenômenos objetivos, ou então entre a utopia artística da máquina como princípio de uma ordem social harmônica e a realidade de um desenvolvimento tecnológico agressivo, ou das tensões sociais e políticas do mundo moderno, revela como falácia a pretendida superação tecnológica da natureza. Mesmo se a natureza exterior e humana pudesse ser totalmente substituída por uma natureza artificial – insólito projeto formulado pelas vanguardas – o resultado seria ambíguo e paradoxal. Uma cultura completamente racionalizada conforme critérios tecnológicos poderia, certamente, celebrar sua independência com respeito à natureza, porém não se livraria do sentimento de temor, da angústia produzida por sua força incontrolável ou superioridade face às capacidades limitadas do ser humano. De fato, o que realmente sucedeu no seio das sociedades desenvolvidas é que a angústia frente ao poder incontrolável da natureza, ou às forças irracionais no indivíduo transferiu-se à própria tecnologia e à máquina [...]. (Subirats, 1987, p.43)

---

10 Embora não seja o nosso intuito enveredar pela rede paródica que impulsiona a escritura hilstiana, é válido ressaltar que alguns textos parecem evocá-la de modo "obsedante". Seria, pois, para reconfigurarmos uma expressão de M. Blanchot (1987, p.50), "a exigência da obra" – um chamamento à cena literária de escrituras outras, que se deixariam ver, também, como espectros.

HILDA HILST E O SEU PENDULEAR   43

Se, ao longo do último século, essa utopia vanguardista ou revolucionária foi se revelando falaciosa, a tensão oriunda do contato ou do contraste entre a tecnologia, o progresso e a impossibilidade de "uma ordem social harmônica" foi sendo colocada em jogo, tendo como exemplos de destaque os elementos da relação entre o criador, o mercado artístico-literário, a indústria cultural, e que tomaram corpo nas figuras do escritor, do editor e do leitor. Hilst dialoga, pois, com os valores dessa tradição, e por meio da simultaneidade, vai instalando um viés outro, que, ao evidenciá-los, tanto corrobora a corrosão desses alicerces tradicionais quanto permite, direta ou indiretamente, a discussão do papel do criador e do estatuto da arte já em fins do século XX.

É notável que essas utopias – que, como destacou O. Paz (1984, p.52), aliam as noções de "autossuficiência" e "autocrítica" da/na obra de arte – caracterizaram a formação de Hilst. Contudo, a sua atitude face ao literário e à linguagem, especialmente em sua prosa, parece divergir da atitude de seus precursores à medida que ela tendeu a promover um processo de deslocamento dos recursos narrativos e dessas utopias, aliando-os reiteradamente ao paradoxo, à aporia. Dessa maneira, a autossuficiência e a autocrítica não são simplesmente negadas, mas sim conjugadas de modo oscilatório e (auto)desconstrutor, junto aos elementos biográficos, a referências ao contexto, ao mercado literário, à indústria cultural. Esse processo de deslocamento faz do pendulear o meio pelo qual esses valores, texto e contexto se aproximam e se distanciam, num diálogo – afásico e/ou irônico – constante.[11]

---

11 S. Mallarmé, C. Baudelaire, F. Kafka, J. Joyce, S. Beckett, T. Mann, bem como os nossos autores modernistas, em especial Mário de Andrade e Oswald de Andrade, edificaram uma visão acerca da literatura e modos de escrever que particularmente caracterizaram as primeiras décadas ou a primeira metade do século passado. Nesse sentido, eles seriam os "precursores", ou melhor, os interlocutores desse fazer artístico-literário, sendo referência para os autores da segunda metade do século. Em entrevista a J. Paganini (1998), Hilst comenta essa rede de influências, em relação à qual também se vale de estratégias de aproximação e de distanciamento: "Tive influência da várias pessoas. Escrevo desde menina, pois o meu amor pela poesia surgiu quando ainda era criança. Só depois de 20 anos fazendo poesia, comecei a escrever prosa. Mas o meu relato não é colocado em capítulos. Penso o relato como um caleidoscópio, como será que o personagem é, como ele pensa,

44 NILZE MARIA DE AZEREDO REGUERA

Valendo-se desse movimento, em sua dramaturgia Hilst coloca em foco o imperativo de (se) comunicar, ao mesmo tempo em que reconfigura uma problemática que vinha se fazendo presente desde a sua lírica, não apenas em virtude do contexto e das tendências em voga. Percebe-se, com base no trecho de *A empresa*, que desde a sua estreia na dramaturgia, a autora fez uso de recursos e de temáticas específicos, dando destaque à problematização do dizer em meio um contexto repressivo e, consequentemente, a personagens sempre de alguma forma envolvidas com esses elementos e com a possibilidade de encantamento ou alienação aí gerada.

Por um lado, a dramaturgia hilstiana parece se direcionar ao paradigma da tradição, da adequação, na medida em que a oposição entre as personagens e a tensão oriunda dos discursos das mesmas adquirem uma configuração expressiva que pode ensejar a adequação temático-formal do teatro de Hilda ao tipo de texto que então predominava – "um teatro alegorizante, de feitio genericamente didático-doutrinário, cujo assunto básico gira em torno de uma situação de dominação, na qual uma instituição – o Exército, a Igreja, a Empresa, a Escola... – aplicava-se a submeter à força o conjunto das gentes" (Pécora, 2008, p.8).[12] Por outro lado, o teatro de Hilst

---

tudo ao mesmo tempo e com uma sonoridade constante. Mas a maior parte das pessoas não entende, apesar de James Joyce já ter feito isso em 1923. [...] Kafka também ninguém entendeu. Li muito Joyce, mas quando já era mais velha. O que eu faço é muito diferenciado do que ele fez, mas notei certa semelhança com o meu tipo de relato. Posso falar mais dos autores que amo do que dos que me influenciaram. Amo, por exemplo, Albert Camus. *O estrangeiro* é uma obra prima. Gosto muito também de Gide e Yeats. Dos brasileiros cito Guimarães Rosa e um escritor pouco conhecido que se chama Ricardo Guilherme Dicke. Ele mora em Cuiabá e é uma pessoa excepcional. Eu sinto muito por ele não ser conhecido porque sua obra é muito original."

12 S. P. Rouanet (1984, p.37), em apresentação ao texto de W. Benjamin (1984), afirma, na explicitação etimológica do termo, que "falar alegoricamente significa, pelo uso de uma linguagem literal, acessível a todos, remeter a um outro nível de significação: dizer uma coisa para significar outra". Nesse sentido, há, de modo geral, dois posicionamentos acerca do alegórico. Um que vê justamente na pluralidade a sua riqueza e a sua força motriz, e outro que tem esta como a sua falha. L. C. Lima (1983, p.207) é um dos que elucidam o primeiro enfoque ao afirmar que

HILDA HILST E O SEU PENDULEAR 45

traz os elementos para o seu (auto)questionamento e para o posterior deslocamento do paradigma canônico, afastando-se, assim, da leitura cristalizada do alegórico como denúncia, falha ou não, do sistema repressivo imperante.

Ressalta-se, pois, um mecanismo pelo qual a escritura hilstiana tende a se apresentar e que junto a esse pendulear permite, paradoxalmente, movimentos de leitura e de "desleitura": o expressar(-se) alegórico. A alegoria, em especial no teatro hilstiano, corporifica o ato de se referenciar e a ambivalência que lhe são inerentes: como procedimento de referenciação, pode favorecer tanto uma leitura convencional do dizer – refratário às contingências de um período histórico e nelas encarcerado – quanto o seu inverso, isto é, a desestabilização deste e o indiciamento do caráter paradoxal, falacioso e provisório da significação e da interpretação. É assim que, conforme Walter Benjamin (1984), ter-se-ia a "dialética fatal da alegoria", ou seja, "um movimento de redemoinho que, no fim, vai até destruir-se a si mesmo ou, então, salvar-se pela traição de sua mais profunda tendência" (Gagnebin, 2004a, p.37). Dialética desenrolada entre a (aparente) adesão e a desestabilização, e que neste movimento é permeada pela frustração,

---

o alegórico conteria "uma dificuldade específica: se ele permitir a pura transcrição tipo 'isso significa aquilo', o isso, ou seja a narrativa, se torna inútil, casca de fruta que se joga fora. [...] Para se manter, a alegoria precisa ser plural". D. Arrigucci Junior (1999, p.91-4), por outro lado, comenta o que seria uma deficiência oriunda do uso desse procedimento, sobretudo em relação aos romances de cunho (neo) realista que nesse período se destacariam. Ao se embasar no prisma lukácsiano, esse estudioso vê na forma fragmentada da alegoria uma impossibilidade de se chegar a um (almejado) entendimento do real. Haveria, assim, uma incompatibilidade entre o "impulso realista" e o "procedimento alegórico". O que essas duas vertentes colocam é não apenas um "problema estético", mas também um "problema epistemológico": "Ler uma obra literária sob a chave do realismo, conforme as posições de Lukács, pressupõe que a realidade seja inteligível em si mesma e que a consciência, diante de um texto realista, possa reconhecer essa inteligibilidade. Lendo em uma [outra] perspectiva [...], é possível verificar que não apenas a consciência humana expõe limitações para o conhecimento, como a própria realidade põe em dúvida a sua inteligibilidade. O problema não se reduz ao sujeito, nem ao objeto de conhecimento, mas articula ambos os polos. O sujeito é colocado diante de suas próprias insuficiências, assim como o objeto, a realidade observada, igualmente, se desordena." (Ginzburg, 2003, p.61).

46 NILZE MARIA DE AZEREDO REGUERA

pelo fracasso, pela morte, já que "quanto maior a significação, tanto maior à sujeição à morte" (Benjamin, 1984, p.188). As palavras de Alcir Pécora (2008, p.10) acerca de *A empresa* destacam um dos elementos que também seria notado em outros textos, e que daria margem a esse deslocamento, à instauração da "dialética fatal":

> [...] a nota hilstiana mais interessante não é, como se poderia esperar, a denúncia da repressão institucional sobre os jovens, mas sobretudo a atenção concentrada sobre a possibilidade terrível de que justamente os jovens mais criativos possam ser cooptados ou ter a sua imaginação posta a serviço do processo repressivo.

Esse procedimento traz, ainda, à tona outra questão que, como se destacou, seria retomada ao longo da produção hilstiana – "a maldição do intelectual ou do criador" –, que acaba por suscitar a posição que ao artista supostamente caberia. Se, na lírica, a mulher-poeta já aludira a essa questão, ainda que indireta ou vagamente, na dramaturgia ela tomaria forma, sendo na prosa recorrentemente trazida à cena. Assim, em *A empresa*,

> Revela-se [...] uma espécie de *maldição do intelectual ou do criador* – uma condição destrutiva da poesia –, cujas invenções são impotentes para impedir a sua manipulação contra a liberdade que supunha defender. Essa ameaça de desarticulação entre criação e liberdade é o que há de melhor na peça, e, nisso, Hilda se aproxima de George Orwell, cujo *1984*, por exemplo, pretendia que nenhuma tortura atingia o grau de desintegração mental e de degradação pessoal a que podia chegar sem que os intelectuais estivessem a seu serviço. (Pécora, 2008, p.10, grifo nosso)

A dramaturgia hilstiana representaria, numa visada alegórica, uma espécie de entremeio no qual uma superfície temático-vocabular se assentaria sobre os fluxos oriundos da poesia e se alimentaria pelos floemas, ou seja, pelo organicismo dos primeiros movimentos de sua prosa. A *adequação não-adequada* permite visualizar, ainda que provisória ou falaciosamente, núcleos temático-formais que alimentam esses "mascaramentos" da linguagem da autora, que, como ressaltado,

HILDA HILST E O SEU PENDULEAR **47**

seriam menos uma moldura estática do que florescências de seu percurso poético. A condição do criador/escritor, matizada ao longo de sua obra, reiterar-se-ia na diferença, junto às relações que moviam/ movem o sistema artístico-literário e os supostos anseios de uma sociedade. Poder-se-ia ler nesse *modus* hilstiano tanto a "ex-pressão do econômico" e das forças político-sociais que nesse meio interagem/ interagiam, quanto o seu próprio exercitar/encenar poético, visto que:

> [...] a obra de arte procura dizer o real (ainda que subjetivo), como o real se procura dizer através da obra: cada uma diz o seu outro e se diz *no* outro (como faz todo elemento alegórico). De um modo mais estrito, a obra, como todo fenômeno cultural, é "ex-pressão do econômico": a resultante que aflora sob a pressão da constelação das forças que atuam na produção, permitindo a uma sociedade manter-se, reproduzir-se e expandir-se ou regredir. (Kothe, 1986, p.14)

A obra de arte comportaria, ainda, o processo de se "pressionar" a tradição, já que o distanciamento crítico em relação às vanguardas modernas e às utopias naquele momento enraizadas permitiu ao indivíduo ou ao criador desse fim de século se revelar em suas falhas, explicitando a sua consciência e a sua individualidade – que parecem ser, acima de tudo, fragmentos, ruínas, inocuidade.[13] Essa "(ex)pressão" da própria

---

13 O conceito de "ruínas" é utilizado a partir do pensamento de Walter Benjamin. Relacionado aos de "tempo" e de "alegoria", este conceito fomenta uma visão acerca da história e do progresso que, agora, prismada pela atualidade, permite que sejam observados os resultados e a presença, ainda que questionados, dos valores e das promessas do chamado "projeto da modernidade" na obra hilstiana. Em uma análise do que a modernidade então lhe oferecia, Benjamin (1986c, p.226) abordou a problemática inerente à mesma e às suas utopias, afirmando que: "Há um quadro de Klee que se chama *Angelus Novus*. Representa um anjo que parece querer afastar-se de algo que ele encara fixamente. Seus olhos estão escancarados, sua boca dilatada, suas asas abertas. O anjo da história deve ter esse aspecto. Seu rosto está dirigido para o passado. Onde nós vemos uma cadeia de acontecimentos, ele vê uma catástrofe única, que acumula incansavelmente ruína sobre ruína e as dispersa a nossos pés. Ele gostaria de deter-se para acordar os mortos e juntar os fragmentos. Mas uma tempestade sopra do paraíso e prende-se em suas asas com tanta força que ele não pode mais fechá-las. Essa tempestade o impele irre-

48 NILZE MARIA DE AZEREDO REGUERA

língua seria também a do próprio silêncio: se, por um lado, as palavras parecem não comportar o que se tem a dizer, por outro, não haveria mesmo o que dizer. É essa ambivalente "economia" do expressar(-se) alegórico – o silêncio que não é bastante ou produtivo para o próprio silêncio – que faz aflorar a tensão entre texto e contexto e as forças que se apresentam/apresentavam na sociedade e que a moldam/moldaram. O deslocamento oriundo dessa "constelação de forças" suscita, dessa maneira, a tensão que se instala não somente no que seria uma camada superficial do texto hilstiano, mas naquilo que daria forma a toda uma rede de ramificações, de ressignificações – constelações outras, inseridas num mesmo sistema poético. Nesse sentido, a recorrência de certas personagens – que, por vezes, evocam referências sedutoras e ambíguas à vida da autora –, de suas falas e do que alegoricamente deixam ver instaura uma rede paródica nos/entre os próprios textos, a qual também se mostraria de modo intensificado na prosa – exemplar é esse recurso nas evocações ao pai ou, ainda, à figura do pai-poeta, como também no texto "O unicórnio", o qual leva o leitor a identificar como protagonistas Hilda Hilst e o seu esposo Dante Casarini.

Segundo Pallottini (2008, p.501, grifo da autora),

> Hilda Hilst não escreve o seu teatro para dar conta de acontecimentos concretos, a não ser em raras ocasiões [...]. Perfeitamente inserida no seu momento, no momento da literatura universal, ela não crê na ação propriamente dita, na possibilidade da *objetivação* dos pensamentos, dos sentimentos e das sensações. Para ela, como para tantos poetas, sentir, pensar e emocionar-se já é o bastante. Dar notícia dessas abstrações, desse subjetivo fragmentado, sem começo nem fins determinados, desse eu que não pretende resolver os problemas do mundo, mas apenas comunicá-los aos demais é o seu objetivo; fundamente surpreendida com a ausência

---

sistivelmente para o futuro, ao qual ele vira as costas, enquanto o amontoado de ruínas cresce até o céu. Essa tempestade é o que chamamos progresso." Pode-se, então, afirmar que: "as ruínas indiciam os fatos históricos e resumem em si todas as catástrofes; mas são também a sobrevivência, pois permanecem eternas como a pedra, indiferentes aos sucessos humanos, sempre iguais, naqueles lugares de sombra e de silêncio, onde apenas se ouve o monótono marulhar das ondas da praia próxima. (Arrigucci Junior, 2000, p.146).

HILDA HILST E O SEU PENDULEAR **49**

de um deus quando ele é mais necessário, com a crueldade, a destruição, a morte inútil, a injustiça pessoal e social, a estupidez humana, a poeta organiza o seu microcosmo cênico para que possamos, ali, reconhecer o macrocosmo universal, para que possamos ver, na sua cena, a imagem do mundo absurdo que nos tocou viver. Não é sem razão que muitos dos seus personagens são abstrações, recriações simbólicas, figuras metafóricas. Através desses símbolos, a dramaturga quer nos aproximar de suas matrizes, dos seres humanos aos quais se quis referir.

Nessa rede paródica, as personagens hilstianas, ao pretenderem "comunicar os problemas do mundo" ou denunciar o "mundo absurdo", deparam-se não somente com os mecanismos explícitos ou não de repressão, mas também com as nuances que envolvem a assunção deste ato, bem como o próprio ato em si. O querer comunicar, mesmo ainda não evocando as palavras, ou agindo "de fato" no sistema, é uma assunção que gera consequências na estruturação alegórica – da reiteração da inocuidade à punição em algum grau. Se América, a instigante jovem que não se deixou levar pelo sistema, ao deixar claras as suas ideias, sofre as consequências deste ato, o mesmo ocorre com aqueles que não chegaram a explicitar veementemente o seu posicionamento. Assim, outras personagens se destacam quanto ao seu dizer e à sua posição, como na peça *O novo sistema*, de 1968, na qual um menino/ jovem de 13 anos, laureado por "ser" de sua turma a nota mais alta de física, ciência cooptada pelo sistema autoritário, ao mesmo tempo em que parece se enquadrar ao escamoteamento ideológico por esse sistema imposto, tende a indagar o porquê de certos atos ou certas situações. Numa praça, esperando por seu pai, ao ver homens punidos e ali pendurados, passa a questionar a sua mãe:

MENINO (*indiferente*): Esse é o emblema daqueles que tiveram a nota mais alta de física.
MÃE (*examinando o emblema com alguma indiferença*): Uma caixa preta com uma tampa levantada? Ótimo. (*põe o boné no menino*) Outra coisa, vamos... seja bonzinho. Eu também tenho vontade de saber. O que é isso que caiu na prova?
MENINO (*olhando os homens*): Os postulados de Niels Bohr.

50 NILZE MARIA DE AZEREDO REGUERA

MÃE (*encantada*): Ele se chamava Niels? Se chamava Niels?
MENINO: Ora, mamãe.
MÃE: Ora, mamãe, o quê? Vamos. São quantos?
MENINO (*contrariado*): São três.
[...]
MENINO (*olhando os homens*): Será que eles estão mortos?
MÃE: Diga dois. (*com firmeza*) Diga dois.
MENINO: Está bem. Mas papai ainda vai demorar?
MÃE: Depois veremos. (*agrada o Menino*) Dois postulados só...
MENINO (*lentamente*): Primeiro: "De todas as órbitas circulares e elípticas mecanicamente possíveis para os elétrons que se movem em torno de núcleo atômico (*levanta a voz*) apenas umas poucas órbitas altamente restritas são 'permitidas' e a seleção dessas órbitas permitidas faz-se com observância de certas regras especiais". (*diminui a voz*) Segundo: "Ao girar ao longo dessas órbitas em torno do núcleo, (*levanta a voz*) os elétrons são 'proibidos' de emitir quaisquer ondas eletromagnéticas, embora a eletrodinâmica convencional afirme o contrário".
MÃE (*encantada*): Oh, que beleza, que beleza... "Afirme o contrário". Que beleza! (*beija várias vezes o filho*) Beleza, beleza, beleza.
MENINO: Eu estou com os pés molhados. E não aguento mais ver estes homens.
MÃE: Mas você tem que se acostumar. Sempre que voltar da escola e passar pelas praças vai ver esses homens.
MENINO (*angustiado*): Sempre?
MÃE: Pelo menos durante muito tempo ainda. Hoje são esses, amanhã serão outros.
MENINO: Mas você acha que está certo?
MÃE: Menino, pensa na física, pensa na física. Nas órbitas permitidas, ouviu? [...] (Hilst, 2008, p.312-3)

A indagação do Menino gera, primeiramente, punição a seus pais – sumiço, que se torna índice do assassinato –, os quais, segundo o sistema, não o educaram como determinado –, e posteriormente a ele próprio, ao se deparar com a personagem Menina, também nota mais alta de física, porém a serviço da estrutura de dominação. Se a peça tende a se fundamentar numa estrutura de base convencionalmente alegórica, aderindo ao teatro da época, ela também deste paradigma

HILDA HILST E O SEU PENDULEAR **51**

se afasta – ou, pelo menos, tensiona-o – ao ensejar uma mudança de foco. Neste caso, isso se dá devido a, pelo menos,

> Dois elementos importantes de dissonância dos clichês [...]. O primeiro diz respeito ao fato de que os maiores talentos não estão necessariamente a serviço do bem – antes, são lugares em que o bem e o mal se encontram como potência, à espera da escolha a ser reivindicada ou não pelo ser de exceção. Segundo, na esfera coletiva predomina invariavelmente a subalternidade mais estúpida, da qual nada se pode esperar, a não ser servidão voluntária a qualquer senhor.
>
> Em termos políticos, a vontade coletiva é desvalorizada em face da escolha individual, não partilhada, igualmente significativa para a ação humana. Mas o mais dissonante na peça é a manifesta descrença num futuro revolucionário inteiramente novo, que apenas pode resultar numa forma de tirania, ainda pior ou mais cruel, pois mais convicta de suas bases sociais e científicas. (Pécora, 2008, p.15-6)

Ao evidenciar a coexistência do bem e do mal, Hilda entrelaça os níveis de seu texto, permitindo que se visualize nele a reificação da ambivalência. Nesse sentido, o caráter disfórico e repressivo do entrecho da peça suscitaria a posição da autora ou desse criador cuja maldição por ele supostamente pairaria, bem como a perversidade inerente à essa maldição, isto é, à condição humana. É válido indagar, a partir dessa cosedura, em que medida se enredaria a problematização da ideia de "novo" e da projeção, por vezes reiterada, de um futuro distinto e transformador – alicerces do chamado "projeto da modernidade":

> A época moderna – esse período que se inicia no século XVIII e que talvez chegue agora a seu ocaso – é a primeira época que exalta a mudança e a transforma em seu fundamento. Diferença, separação, heterogeneidade, pluralidade, novidade, evolução, desenvolvimento, revolução, história – todos esses nomes condensam-se em um: futuro. Não o passado nem a eternidade, não o tempo que é, mas o tempo que ainda não é que sempre está a ponto de ser. (Paz, 1984, p.34)

52 NILZE MARIA DE AZEREDO REGUERA

Este projeto foi pautado, sobretudo, pela incessante busca pelo "novo", por meio da "negação do passado e [da] afirmação de algo diferente" (ibidem, p.20), e de um contraditório caráter de autocrítica e de autonegação, isto é, de uma "paixão crítica, [um] amor imoderado, passional, pela crítica e [pelos] seus preciosos mecanismos de desconstrução, mas também [uma] crítica enamorada de seu objeto, [uma] crítica apaixonada por aquilo mesmo que nega" (ibidem, p.21). Essa denúncia – ainda que alegoricamente "afásica" – já parece suscitar o adensamento espiralado dessa problemática, que Hilda retomaria enfaticamente anos depois, em entrevista a L. G. Ribeiro (1980):

> No momento em que o escritor [...] resolve dizer-se, verbalizar o que pensa e sente, expressar-se diante do outro, para o outro, então o escrever sofre uma transformação. Uma transformação ética que leva ao político: a linguagem, a sintaxe passam a ser intrinsecamente atos políticos de não pactuação com o que nos circunda e que tenta nos enredar com seu embuste, a sua mentira, ardilosamente sedutora e bem-armada.

Além de apontarem o questionamento que se faria presente em textos como *Tu não te moves de ti*, publicado no mesmo ano, e que se corporificaria de modo contundente em *A obscena senhora D.*, de 1982, as palavras de Hilst são exemplares da complexidade inerente à interação vida-obra e ao papel que ia desempenhando como artista, vislumbrado junto às projeções da instância autoral, e que colocariam em foco o papel que caberia a esses "maiores talentos".

O prisma que enfoca a linguagem enquanto procedimento transformador do ético ao político permeia paradoxalmente a sua produção, trazendo à tona a questão da *performatividade*. O "performativo", proposto por J. G. Austin e aqui contextualizado a partir dos comentários de P. Ottoni (2002, p.129), constitui-se "o próprio ato de realização da fala-ação", condição que suscitaria a interação eu-linguagem, eu-contexto, eu-referente. Assim se teria, ao mesmo tempo, um eu "*com* a linguagem", "*na* linguagem", "*da* linguagem" (ibidem, p.134, grifo do autor). A performatividade implicaria, portanto, os atos de reconhecer

HILDA HILST E O SEU PENDULEAR 53

e de situar o sujeito a partir de sua fala-ação, sendo ele constituído "não somente através das palavras, mas também das circunstâncias nas quais elas são empregadas" (ibidem, p.137). Seria dessa interação entre o sujeito, a sua fala, o contexto e o seu leitor/ouvinte que, virtual ou almejadamente, dar-se-ia o caráter transformador do discurso e, assim, da arte.

O suposto ou desejado caráter transformador do discurso revelar--se-ia enquanto projeção, trazendo à cena o papel que caberia ao artista e ao polo receptivo, e o uso que se faz do apontamento utópico em direção ao futuro. Aliado ao procedimento alegórico, isso adquire um tom particular, sobretudo na dramaturgia, na medida em que a afasia ou a inépcia na/da comunicação ganham potência. Dessa maneira, o imperativo de se comunicar e a afasia que pode advir da necessidade, socialmente imposta ou esperada, acabam por ressaltar o valor que o silêncio tem na obra hilstiana, além da proximidade deste com a mor-te.[14] O silêncio e a morte são, pois, colocados diante não somente do contexto opressor, mas também dessa projeção utópica e revolucionária para a qual o ético e o político impulsionariam a mudança econômico--político-social. Em certo sentido, o silêncio e a morte parecem ser, nesse conjunto de textos, uma resposta inexorável.

Em *Auto da barca de Camiri* (1968) acrescentam-se outros elementos, como a referência à personagem "o homem" que suscita

---

14 Vale lembrar aqui a relação de aproximação e de distanciamento que o texto hilstiano engendra com o seu contexto: "Entre 1969 e 1974, diversos grupos e organizações de esquerda empreenderam a luta armada contra a ditadura. Embora guardassem diferenças nas suas origens, análises e propostas, a maioria destas organizações nasceu nos anos 60 em meio ao intenso debate político e ideológico que envolveu o campo da esquerda brasileira e cujos temas centrais foram a atualidade da revolução socialista no Brasil e o papel da luta armada no processo revolucionário. [...] Com o fechamento total do regime em 1968 e o recrudescimento da repressão, a maioria das organizações (como a ALN, VPR, MR-8, PCBR, PC do B, Var-Palmares, POC, entre outras) defendeu o caminho da luta armada imediata para o combate à ditadura e desenvolvimento da luta revolucionária, através de guerrilha rural, guerrilha urbana ou da criação do "foco guerrilheiro". Estas propostas tiveram maior penetração no meio estudantil universitário, então principal campo de debate das ideias e dos projetos políticos de esquerda e de onde sairia a maior parte dos militantes destas organizações" (Habert, 1996, p.34).

54 NILZE MARIA DE AZEREDO REGUERA

toda uma rede paródica em que Ernesto Che Guevara e Jesus Cristo se fazem presentes. A peça, que provavelmente foi escrita no calor da repercussão da morte do revolucionário argentino, não sucumbe, porém, a esse contexto; traz como personagens de destaque dois juízes, um velho e outro jovem, que se encontram na região apontada no título da peça para ratificarem a sentença daquela personagem. Ao chegarem, dialogam:

> *Escurecimento. Ruído de metralhadoras. Silêncio.*
>
> UMA VOZ (*tom de comando, em tensão*): No coração! No coração!
>
> *Logo em seguida, estampido de um tiro de revólver. Luz.*
>
> JUIZ JOVEM: Que lugar, santo Deus! Que lugar! Isso é uma injustiça.
> JUIZ VELHO: Social?
> JUIZ JOVEM: Não, não! Obrigaram-nos a fazer esta visita. E depois (*olha ao redor*) veja bem: só nós dois. Não deveríamos ser três?
> JUIZ VELHO (*sempre sem muito interesse*): Três?
> JUIZ JOVEM: Três! Três! O relator, o revisor e o terceiro.
> JUIZ VELHO: É. Esse não veio. (*olha ao redor*) E mesmo que viesse, só há duas cadeiras.
> JUIZ JOVEM: É verdade. Aqui é certamente o fim do mundo. Ou o inferno, não sei.
> JUIZ VELHO: Você acha que pode existir um lugar melhor? Um outro que seja o céu?
> JUIZ JOVEM: No céu certamente seríamos três juízes. E aqui somos dois. Ainda bem. Não há possibilidade de clemência.
> JUIZ VELHO: Ou quem sabe duas possibilidades de clemência.
> JUIZ JOVEM: Isso nunca é possível.
> JUIZ VELHO: Nunca.
> *Pausa. Ruído surdo de metralhadoras.*
> JUIZ JOVEM: Você viu aquele homem?
> JUIZ VELHO: Não. Que homem?
> JUIZ JOVEM: Um homem que tinha nas mãos um possível maná.
> JUIZ VELHO: Como é mesmo?
> JUIZ JOVEM: Um alimento! Um alimento! Por que nunca vi tantos pás-

HILDA HILST E O SEU PENDULEAR **55**

saros ao redor de uma só pessoa. E os cães então... você viu?

JUIZ VELHO: Não, não vi.

JUIZ JOVEM: Mas é verdade? Nem os pássaros? Nem os cães? Eram muitos, muitos! Estavam todos ao redor do homem. Estranho... Você jura que não os viu?

JUIZ VELHO: Mas com esse calor eu não vejo nada. Com esse calor todos fedem. Os homens fedem.

JUIZ JOVEM: Tem razão, tem razão. Os homens são seres escatológicos. Esse tema é ótimo para discorrer. Veja. (*vira-se para a plateia*) Escatologia, certamente os senhores saberão o que é: nossas duas ou três ou mais porções matinais expelidas quase sempre naquilo que convencionalmente chamamos de bacia. Enfim, (*curva a mão em direção à boca e estende em direção ao traseiro*) esse entra e sai. Para vencer o ócio dos senhores que dia a dia é mais frequente, não bastará falar sobre o poder, a conduta social, a memória abissal, o renascer. É preciso agora um outro prato para o vosso paladar tão delicado. (*vira-se para o velho*) E se pensássemos num tratado de escatologia comparada? Nada mais atual e mais premente.

JUIZ VELHO: Comparada com o quê?

JUIZ JOVEM: Com tudo! Com tudo!

JUIZ VELHO: Ah, talvez bem-pensado porque...

JUIZ JOVEM: Porque tudo o que se compara, se estende. E se transforma em conflito sempre eminente.

JUIZ VELHO: Tudo isso é bom para o teatro. Fale merda para o povo e seja sempre novo. Ah, nossa boca de vento... (*põe a mão na boca num gesto de desprezo*) Blá, blá, blá. (Hilst, 2008, p.187-90, grifo da autora)

Na estruturação discursiva e dialógica do texto o homem é somente referenciado, não lhe sendo destinada nenhuma ação ou nenhum diálogo no palco, aos olhos da plateia. Esse resgate do repertório sociocultural legado ao público – que se dá, nesse texto, a partir do título – tornar-se-ia, em especial na prosa, um procedimento que suscitaria um tipo de relação bem-específica entre a autora, o seu texto e a rede de produção-recepção, e que seria pautado, por vezes, por um aparente tom de desprezo ou por uma irônica "violência verbal" – o "fal[ar] merda para o povo", que teria "um paladar tão delicado". Num primeiro momento, isso se deveria ao fato de que o teatro,

56 NILZE MARIA DE AZEREDO REGUERA

Com o apelo da presença em cena, sua capacidade única de convocação, [...] foi um espaço privilegiado de efetuação catártica tanto da violência despótica quanto do sonho de mudança, o qual, sintomaticamente, tomava o aspecto de uma crença num milagre de transformação radical. Era como se o mundo real não tivesse como resistir ao milagre da transformação pessoal, ainda que o milagre cobrasse um ato de expiação substitutiva, no qual apenas o sacrifício heroico poderia retirar a destinação humana da esfera da barbárie. (in Hilst, 2008, primeira orelha)

Se, por um lado, a denúncia de forças do contexto e a leitura alegórica que disso é oriunda são marcantes no núcleo dramático hilstiano, por outro, nele germinam estratégias e questionamentos que seriam posteriormente retomados e adensados, e que num movimento de desleitura denunciariam, ainda que embrionariamente, o caráter falacioso advindo dessa almejada transformação – não há "clemência". A maneira como a referência ao homem é construída ressalta o que seria uma *performance* espectral de Guevara e de Cristo, dada, concomitantemente, com as ações das demais personagens – que são, além dos juízes, o trapezista, o passarinheiro, o agente (funerário) e o povo. O ato de se referenciar às cenas político-social e teatral tenderia, pois, à corrosão, pela paradoxal coexistência do *mesmo* e do *outro*, e pela permeabilidade de realidade e ficção, por exemplo.

Esta coexistência, marcada pela presentificação da diferença, pode ser analisada na produção hilstiana como um núcleo de tensão, em que não apenas personagens ou papéis sociais são retomados, mas também temáticas. Além da Trindade, destacam-se a Escatologia, ou seja, uma doutrina sobre o final dos tempos ou um tratado acerca dos excrementos, e os caracteres encantatório ou falacioso do discurso. É o caso, ainda, do verso "o rato no muro", transcrito anteriormente do *Roteiro do silêncio*, que intitula outra peça de Hilst, marcada por elementos autobiográficos e por uma denúncia do sistema repressivo, no caso, representado pela instituição Igreja e por sua organização e hierarquia. Como em outros textos, destaca-se essa rede de ramificações paródicas, na qual vida e obra se embaralham e fomentam

HILDA HILST E O SEU PENDULEAR **57**

uma espectralidade que também engenha o texto – tanto em *O rato no muro* (1967) como em *A empresa*, o convento e as personagens em que nele vivem, mais do que referências cristalizadas a um biografismo ou a um sistema encarcerador e dominador, seriam índices da coexistência de *mesmo* e *outro*.

O mesmo parece ocorrer em outras peças, como em *O verdugo* (1969), na qual a condenação e a morte de uma personagem que dão forma à reatualização de "o homem" de *Auto da barca de Camiri* suscitam um questionamento acerca da atuação na sociedade e do referido julgamento. Neste texto, ainda que a estrutura de um "auto" esteja presente – tanto no que se refere ao tipo de representação dramática quanto às concepções de cerimônia pública ou de narração judicial circunstanciada –, essa matriz é tensionada à medida que o discurso dos juízes é, por vezes, deslocado ou esvaziado, ou que é evidenciada a incompatibilidade de discurso e ações em face das circunstâncias encenadas – "em cena" ou "espectralmente". Vale ressaltar que, no decorrer da ação dramática, procedimentos de ocultação e de exposição são empregados, já que Cristo é trazido visualmente por meio de eslaides, como proferido nas rubricas do texto, e são feitas, ao longo dos diálogos, referências a Buda, a Lênin, ao deus da escrita e da magia Hermes Trismegisto, às personagens Ulisses e Orfeu, e ao julgamento de Cristo por Pilatos. O diálogo com a tradição, dado nesse resgate de personagens ou personalidades, e na referência intertextual a *Auto da barca do inferno*, de Gil Vicente, é outro elemento impulsionador do circuito paródico.

A essa rede paródica e ao esvaziamento dado pelo debate acerca da Escatologia e pela própria posição dos juízes se alia uma corrosão metalinguística e autorreferencial, vista no trecho final daquela citação apresentada – procedimento esse que apareceria de modo impactante na prosa e que modularia, como se discutirá, *um trato com a língua*. A declaração de Hilst transcrita anteriormente, as concepções do expressar(-se) como um suposto gesto político e a da transformação catártica, permitem que se interprete o movimento oscilante da escritura hilstiana como um gesto "performado" numa leitura a

58 NILZE MARIA DE AZEREDO REGUERA

contrapelo da matriz literária ou convencionalmente alegórica, que, inclusive, coloca em xeque a empatia e a identificação catárticas.[15]

Sendo o movimento alegórico duplo, "não pode ser vinculado exclusivamente ao recurso de se burlar a censura com uma sucessão [...] de metáforas e alusões" (Hollanda; Gonçalves, 1979-1980, p.16-7). Nesse dinamismo, não se daria necessariamente uma ruptura, pois o texto, em sua "dialética fatal", forneceria os elementos para que uma leitura convencional também se instalasse.[16] Essa "traição de sua mais profunda tendência" (Gagnebin, 2004a, p.34), que alegoriza tanto a refração de um contexto quanto o voltar do texto em direção a si mesmo, numa estruturação em abismo, espiralada, possibilita que o desejo de mudança ou de efetiva transformação de uma sociedade seja evidenciado como espectralidade – paradoxalmente presente e ausente. Nesse sentido, embora esta não seja em si mesma uma projeção (utópica) em direção ao futuro, em sua ambivalência parece haver, de certa forma, as ruínas desse valor ou dessa ideia moderna.

---

15 Na década de 1970, como ressaltam Hollanda e Gonçalves (1979-1980, p.70), houve uma tendência em se pensar que a literatura seria menos propícia à censura do que as outras manifestações artísticas. Por consequência essa "propalada negligência da censura pela obra literária" – como afirmou, em depoimento aos autores, Julio César M. Martins – "provocou uma procura crescente pelo produto escrito, arregimentando leitores e criadores neófitos, confiantes na possibilidade, que se mostrou verdadeira, de passar pela literatura dados e juízos de valores impossíveis nas demais manifestações artísticas". Esse ciclo, também cunhado em estratégias de mercado, reitera o esperado gesto político do escritor e alimenta, então, toda uma produção baseada no (neo)realismo e nas memórias.

16 Como discutiu O. Paz (1972, 1984), o conceito de "ruptura" implica tanto a negação quanto a projeção, infindável, em direção ao novo, sempre relacionado à mudança e ao futuro. Por isso, "a modernidade é uma tradição polêmica e que desaloja a tradição imperante, qualquer que seja esta; porém, desaloja-a para, um instante após, ceder lugar a uma outra tradição, que, por sua vez, é outra manifestação momentânea da atualidade. A modernidade nunca é ela mesma: ela é sempre *outra*" (Paz, 1984, p.18, grifo do autor). Disso advém o caráter contraditório da modernidade – que foi nomeado "tradição da ruptura" –, na medida em que, em sua autossuficiência, ela reiteradamente funda uma tradição, com ela rompendo. É, pois, a tradição da mudança.

HILDA HILST E O SEU PENDULEAR **59**

Retomando as considerações de Pallottini (2008) e o que até aqui se discutiu, pode-se delinear os paradoxos que se instalam na e se engenham a partir dessa oscilação e dos recursos que a promovem: narrar-escrever-expressar parece ser, acima de tudo, um gesto *perfor-mático*. Seria, ainda, um gesto *performativo*?

Essa modulação performática dada pela dramatização do expressar(--se), por procedimentos como a alegoria, a paródia, o esvaziamento e a "presentificação" da ausência das palavras (ou do silêncio) ou da espectralidade, apontaria o que então florescia. Se, como salientou Coelho (1999), Hilst buscava uma "forma mais adequada ao novo dizer", pode-se afirmar que ali mesmo, em meio às cortinas, entre bastidores e palco, já se impulsionava mais um movimento de construção e de desconstrução de sua escritura. É assim que em 1970 se tem *Fluxo-floema*, obra que marcou a "estreia" da autora na prosa ou que corporificou o que, em graus distintos, já vinha sendo apontado como tendência.

Se no contexto nacional Hilst foi contemporânea de escritores canonizados ou em processo de canonização – como no citado caso de Rosa e de Lispector – o que ela apresenta em sua prosa parece caracterizar um acirramento ou um redimensionamento do modo de escrever então consagrado por esses escritores. Isso, todavia, representa menos a assunção de uma perspectiva sublimável e sublimadora do escrever, com a ascensão a um patamar outro, do que a problematização ou o adensamento, até mesmo radicalizados, do verbalizar e da relação texto-contexto. E, ampliando a perspectiva, um redimensionamento ou um acirramento do que as vanguardas europeias utópica ou resistentemente projetaram.

É nesse ponto de sua produção que procedimentos como a anarquização dos gêneros literários e o "exercício de estilo", apontados por Pécora (2005; 2010), seriam empregados marcadamente no texto, iluminando, de certa maneira, a *performance* em Hilst. Essa, contudo, não implicaria uma homogeneização de seu escrever, visto que a prolificidade e a hibridez disso advinda, e uma atitude própria diante de sua recepção colocam em tensão o circuito de produção-recepção, bem como a sua atuação, fazendo com que movimentos e núcleos significativos outros se fizessem presentes e se reconfigurassem ao longo das mais de duas décadas que ainda viriam.

60 NILZE MARIA DE AZEREDO REGUERA

Assim, no final da década de 1960, numa época em que tanto o modo de escrever consagrado, sobretudo, em meados do século passado, quanto os anos mais duros do regime militar tiveram peso, Hilda foi apresentando sua produção e se deixando ver mais saliente e controversamente na literatura brasileira. Desse conjunto de forças resultaram, no início da década de 1970, algumas tendências, às quais a autora também parece não ter se filiado:

> [o] realismo dito mágico e que, através de um discurso metafórico e de lógica onírica, pretend[e], crítica e mascaradamente, dramatizar situações passíveis de censura, e os romance-reportagem, cuja intenção fundamental é a desficcionalizar o texto literário e com isso influir, com contundência, no processo de revelação do real. (Santiago, 1982, p.52)

Destacou-se, ainda, uma "terceira via", híbrida, fomentada, por um lado, pela contemporânea presença ou herança de escritores como Lispector, que, assim como Rosa, articulavam um trabalho com a linguagem –, o qual, metalinguisticamente, parecia revelar do avesso, de dentro, uma "escritura (dis)simulada" (Reguera, 2006), que se valia dos moldes oitocentistas do conto para melhor tensioná-los –, e, por outro, pelo redimensionamento desta tendência e dos recursos por esta consolidados, dando forma a uma estruturação dialógica[17]

---

17 A concepção de "dialogismo" é enfocada a partir da perspectiva de M. M. Bakhtin (1997), para quem "as relações dialógicas – fenômeno bem mais amplo do que as relações entre as réplicas do diálogo expresso composicionalmente – são um fenômeno quase universal, que penetra toda a linguagem humana e todas as relações e manifestações da vida humana, em suma, tudo o que tem sentido e importância" (p.42). O dialogismo, "princípio constitutivo da linguagem e condição do sentido do discurso" (Barros, 1999, p.2), implica a reavaliação do conceito de "sujeito", e, consequentemente, das posições e das funções de autor e de personagens no texto – que, para o estudioso russo, é caracterizado exemplarmente pelo o romance, em especial o de F. Dostoiévski – e, por serem ideológicas, na própria sociedade. Bakhtin, ao longo de suas investigações, apresenta os termos "monofônico" e "polifônico", que, respectivamente, deixam implícitas ou explícitas as vozes, as consciências que os constituem. O que lhe interessa, em especial, são os romances polifônicos, nos quais as vozes participam desse "grande diálogo" como consciências autônomas, sem a sujeição ou a subordinação que ocorrem nos romances

HILDA HILST E O SEU PENDULEAR 61

e alegórica, e àquele imperativo e ao esperado papel do escritor. Se escritores como Caio Fernando Abreu "incorporar[am] ao próprio narrar a tensão do que se narra" (Süssekind, 1985, p.47), divergindo, inclusive, de contemporâneos seus, parece ser com Hilda Hilst que esse procedimento é levado a extremos – da revolta à inação, do riso ao desespero, da ilimitada significação ao nada. Se no modular dramático, a sua obra já penduleava entre os dizeres alegóricos, entre a assunção de uma perspectiva tradicional ou convencionalizada e a problematização desta, os seus primeiros textos em prosa, provavelmente escritos em concomitância com os últimos teatrais, reiteradamente colocam em cena o próprio narrar face ao contexto e a tradição (ou tradições) reinantes. Nesse sentido, nota-se, mais uma vez, a problemática que parece caracterizar Hilst: a não-filiação a nenhum movimento ou tendência específicos, mantendo-se, de modo geral, no seu próprio veio.

Contudo, nesse movimento de deslocamento do cânone ou, até mesmo, das vanguardas, ganham amplitude certas questões, algumas delas já suscitadas. Como discutido por Süssekind (1985, p.45), havia uma tendência e um desejo em se expressar segundo uma *função compensatória*: no texto literário se apontavam e articulavam as desilusões e a repressão daqueles anos, por meio do "naturalismo evidente dos romances-reportagem ou disfarçado das parábolas e narrativas fantásticas", ou de uma "literatura do eu", isto é, aquela dos "depoimentos, da memória, da poesia biográfico-geracional". Assim:

---

monofônicos: "*A multiplicidade de vozes e consciências independentes e imiscíveis e a autêntica polifonia de vozes plenivalentes constituem, de fato, a peculiaridade fundamental dos romances de Dostoiévski.* Não é a multiplicidade de caracteres e destinos que, em um mundo objetivo uno, à luz da consciência de um autor, se desenvolve nos seus romances; é precisamente *a multiplicidade de consciências equipolentes* e seus mundos que aqui se combinam numa unidade de acontecimento, mantendo a sua imiscibilidade. Dentro do plano artístico de Dostoiévski, suas personagens principais *são*, em realidade, *não apenas objeto do discurso do autor mas os próprios sujeitos desse discurso diretamente significante*. Por esse motivo, o discurso do herói não se esgota, em hipótese alguma, nas características habituais e funções do enredo e da pragmática, assim como não se constitui na expressão da posição propriamente ideológica de um autor [...]" (Bakhtin, 1999, p.4, grifo do autor).

62 NILZE MARIA DE AZEREDO REGUERA

Talvez pareça estranho que se tenham agrupado tendências geralmente consideradas divergentes como o fantástico e o naturalismo, a literatura social e o subjetivismo autobiográfico. Não se pretende, com isso, esquecer as suas diferenças. Trata-se, sim, de ressaltar a imagem que se teve da literatura nos últimos tempos no Brasil. A imagem predominante tem sido a de uma forma de expressão obrigada a exercer quase que exclusivamente *funções compensatórias*. Isto é: a dizer o que a censura impedia o jornal de dizer, fazendo em livro as reportagens proibidas nos meios de comunicação de massa; a produzir ficcionalmente identidades lá onde dominam as divisões, *criando uma utopia de nação e outra de sujeito, capazes de atenuar a experiência cotidiana da contradição e da fratura.*" (ibidem, p.45, grifo nosso)

Como foi ressaltado, a "maldição do criador" – o qual se veria incapaz ou, interessantemente, sem o intuito de atuar contra o sistema repressor vigente, podendo a ele aderir – fez-se presente ao longo da produção hilstiana por meio de modulações distintas e até do silêncio. Nessa problemática, focalizaram-se não somente "a conversão do artista, do intelectual e do escritor militante em revolucionário" (Franco, 1999, p.145), mas também os desdobramentos desse desejo ou ato esperado. Todavia, isso se deu sob um prisma distinto do que então era visto, já que a autora ambiguamente trouxera à cena a possibilidade (perversa) de conversão deles ao sistema que supostamente deveriam combater, e a inocuidade de certas ações desses ou do próprio dizer. Em seus primeiros textos em prosa, ao evidenciar a condição falaciosa e não menos frustrante do dizer – o não-dizer ou a incapacidade de se dizer ou a inépcia advinda desse "amaldiçoado" – ela dinamizou tanto temática quanto metalinguisticamente os impasses dessa situação, o caráter paradoxal do bem e do mal, da transformação e da apatia, fecundados como potência no ser humano. Isso, que poderia tender a uma perspectiva polarizada ou maniqueísta, iria configurando a ambivalência constitutiva de vida e arte, ou seja, movimentos de aproximação e de distanciamento em direção ao polo receptivo e ao próprio texto, acentuados, inclusive, pelas imagens-projeções que de si foram sendo apresentadas nos meios de divulgação e com as quais interessantemente lidaria.

2
ENTRE TEXTO E CONTEXTO, O EXPRESSAR(-SE) SEMEADO

Calma, calma, também tudo não é assim
escuridão e morte. Calma. Não é assim?

"Fluxo" in Hilst, 2003c, p.19

Retomando os movimentos que se delineiam na produção hilstiana, observa-se que logo após o período em que se deu o seu aflorar dramático, alegoricamente instalado na intersecção entre adesão e desestabilização, Hilda apresentou *Fluxo-floema*, considerado "um d[e seus] livros mais densos e radicais", composto de cinco textos – "Fluxo", "Osmo", "Lázaro", "O unicórnio" e "Floema" – "de difícil enquadramento em qualquer gênero tradicional da prosa, dado que quase não há narrativa entre eles" (in Hilst, 2003, primeira orelha). Como foi ressaltado, alguns núcleos e estratagemas já vinham se configurando em maior ou menor grau na sua lírica e na sua dramaturgia, e é neste livro que neles foi inscrito um acirramento próprio ou exemplar que posteriormente marcaria outros textos e a própria visão em relação a Hilda-autora.

Nele, Hilst parece empreender um *destrinçar do narrar*, na medida em que, utilizando-se da imagética acerca de autor e de leitor, explicita os procedimentos por ela utilizados e, assim, o texto enquanto construção verbal, ao mesmo tempo em que opera uma relação não menos

64 NILZE MARIA DE AZEREDO REGUERA

tensa com as constelações de forças atuantes. Observam-se recursos como paródia/intertextualidade, desdobramento polifônico do narrar, caracterização grotesca de personagens e de situações, humor, ironia, entre outros, os quais ao enredarem um contato com o(s) receptor(es), permitem-lhe(s) visualizar a tessitura do texto/livro, bem como se ver(em) nela mesma, numa posição não menos problematizada.

Se a sua lírica e a sua dramaturgia se pautaram, por exemplo, pela tentativa de (se) *dizer*, pela marcação da poeta-artista-mulher na sociedade, nesse momento passa a ganhar maior evidência a *alteridade*, exemplificada, em princípio, pelos (supostos) leitores-ouvintes dos narradores-personagens, insistentemente apresentados no lugar discursivo-social do escritor. A busca pelo *outro* ou a tentativa de contato com ele, estratagemas presentes ao longo de sua produção, ganham amplitude nesse livro, como destaca Anatol Rosenfeld (1970, p.14-5), em apresentação veiculada na edição inaugural:

A poetisa chegou à dramaturgia porque queria "falar com os outros"; a obra poética "não batia no outro". Era um desejo de comunicação [...] e a obra poética não lhe parecia satisfazer esse desejo, pelo menos na medida almejada. Há, em Hilda Hilst, uma recusa do outro e, ao mesmo tempo, a vontade de se "despejar" nele, de nele encontrar algo de si mesma, já que sem essa identidade "nuclear" não existiria o diálogo na sua acepção verdadeira. Pelo mesmo motivo chegou à ficção narrativa, depois do desengano – certamente provisório – que lhe causou a atitude cautelosa do teatro profissional.

É apenas por conveniência que os textos do presente volume foram chamados de "ficção" ou de "prosa narrativa". Para Hegel o gênero épico-narrativo é o mais objetivo. A ele se contrapõe, dialeticamente, a antítese subjetiva do gênero lírico, sendo o dramático a síntese, visto reunir, segundo Hegel, a objetividade épica e a subjetividade lírica. Semelhante diferenciação perde o sentido em face dos textos em prosa de Hilda Hilst, já que neles todos os gêneros se fundem. Eles são épicos no seu fluxo narrativo que às vezes parece ter a objetividade de um protocolo, de um registro de fala jorrando, associativa, e transcrita do gravador; mas são, ao mesmo tempo, nas cinco partes [...], a manifestação subjetiva, expressiva, torturada, amorosa, venenosa, ácida, humorística e licenciosa de um Eu

HILDA HILST E O SEU PENDULEAR   65

lírico que extravasa avassaladoramente os seus "adentros", clamando com "garganta agônica", do "limbo do lamento", tateando e sangrando em busca de transcendência e transfiguração. Entretanto, este Eu ao mesmo tempo se desdobra e triplica, assumindo máscaras várias, de modo que o monólogo lírico se transforma em diálogo dramático, em pergunta, resposta, dúvida, afirmação, réplica, comunhão e oposição de fragmentos de um Eu dividido e tripartido, múltiplo, em conflito consigo mesmo [...].

São notáveis a problemática relativa à recepção e a abolição das supostas fronteiras entre os gêneros literários, ou seja, a hibridez e a posição da instância narrativa que nesse enredamento passam a caracterizar a obra hilstiana. Mesmo sendo essas características presentes, de modo geral, nos cinco textos de *Fluxo-floema*, pode-se, num contato com o que se arquiteta, tentar compreender a obra abordando os textos não em sua sequência, mas conforme o movimento de oscilação instaurado nos mesmos, pelos mesmos. Se, no engendramento da poética hilstiana, tanto a imagética referente ao artista e, de certa maneira, à autora, quanto a problemática relacionada ao dizer destacam-se, agora, sob a modulação da narrativa, noções como "autoria" e "paródia" parecem ecoar, ainda que irônica, afásica, frustrante ou agonicamente, da voz de narradores que se veem face ao narrar, ao *outro*, ao expressar(-se). É dessa perspectiva que, inicialmente, "Lázaro" e "Osmo" adentram o palco da escritura, dando voz e corpo tanto a uma narrativa ressaltadamente marcada, quanto a uma tentativa de contato bem-peculiar com seus receptores – um movimento duplo, dialético, de recusa e de abarcamento do *outro*.[1]

Em "Lázaro", a focalização em primeira pessoa traz à tona as observações do narrador-personagem homônimo, momentos depois de sua morte, caracterizando o que seria uma paródia do episódio bíblico

---

1 Embora se aproxime, em certo sentido, da perspectiva hegeliana, o uso do termo visa destacar o pendulear do/no texto de Hilst, o qual fomenta um paradoxal movimento de resistência. Nesse sentido, é válido questionar em que medida haveria em *Fluxo-floema*, em Hilst, a adesão ou a síntese, visto que se reitera o próprio trânsito entre os dois polos, isto é, a oscilação que pode "trair" – o que suscita, por um lado, a condição fracassada e falaciosa do discurso e da apreensão da realidade, e, por outro, o jogo lúdico e/ou irônico com a língua e a corporeidade.

66 NILZE MARIA DE AZEREDO REGUERA

da ressurreição de Lázaro, e de outros que antecederam à crucificação – como explicitado, por exemplo, no capítulo 11 do "Evangelho de São João". No primeiro parágrafo:

> O meu corpo enfaixado. Ah, isso ela soube fazer muito bem. Ela sempre foi ótima nessas coisas de fazer as coisas, sempre foi a primeira a levantar-se da cama, uma disposição implacável para esses pequenos (pequenos?), como é que se diz mesmo? Afazeres, pequenos afazeres de cada dia. Mas não é a cada dia que morre um irmão. Quero dizer, milhões de irmãos morrem a cada dia, mas eu era o seu único irmão homem, depois, há Maria. Maria cheia de lentidão, irmã lentidão, irmã complacência. Eu estava dizendo que não é a cada dia que morre um irmão, mesmo assim ela soube fazer a minha morte, ela soube colocar tudo, como se coloca tudo no corpo de alguém que morre. Primeiro, ela tirou a minha roupa. E tirar a roupa de um morto é colocar outra. Depois lavou-me. Depois escolheu as essências. [...] É isso que eu quero dizer. E depois ela enfaixou-me, os gestos amplos, pausados, indubitáveis sim, o gesto de quem está fiando. Fiando uma roca sem tempo. Observei-a desde o início... esperem um pouco, como é que se pode explicar esse tipo de coisa... estou pensando... acho que é melhor dizer assim: observei-a, logo depois de passar por essa coisa que chamam de morte. (Hilst, 2003c, p.111-2)

Há um modo peculiar de narrar, o qual, juntamente com outros recursos, permite que se visualize esse processo de se "destrinçar": Lázaro, ao buscar a melhor maneira de relatar o que se passa e pelo que passou, acaba por direcionar o olhar do receptor em direção ao seu próprio discurso. A utilização de palavras como "primeiro", "depois", ou de sentenças como "é isso que eu quero dizer", "como é que se diz mesmo?", "quero dizer", "eu estava dizendo", "acho que é melhor dizer assim", dentre outras, acaba por conferir ao seu discurso um caráter autorreferencial, aproximando-se, numa primeira visada, de uma suposta "verdade" ou um suposto "saber". A esse procedimento de construção se associam pelo menos dois outros, brevemente suscitados, que contribuem para que o valor de "verdade" ou de "credibilidade" de sua fala seja posteriormente colocado em xeque: a paródia e a problematização da instância narrativa. O primeiro se desenrola à medida que

HILDA HILST E O SEU PENDULEAR **67**

Lázaro, em sua tentativa de contato, envereda-se pelas "entrelinhas" da tradição, propiciando uma visão outra do discurso bíblico:

[...] Primeiro um golpe seco na altura do coração. O espanto de sentir esse golpe. Os olhos se abrem, a cabeça vira para o lado, tenta erguer-se, e dá tempo de perceber um prato de tâmaras na mesa comprida da outra sala. Dá tempo de pensar: alguém que não eu vai comer essas tâmaras. A cabeça vira para o outro lado. A cabeça ergue-se. A janela está aberta. E vejo as figueiras, vejo as oliveiras. Foi assim mesmo: vi tâmaras, figueiras e oliveiras. (Hilst, 2003c, p.112)

O texto de Hilst *atua* nos alicerces da tradição, dinamizando-a e a reescrevendo por meio de um conjunto de procedimentos discursivos e de temas matizados por sua trajetória como autora e sua posição/visão no mercado literário. Se antes houvera um questionamento acerca do metafísico ou da morte, a partir de *Fluxo-floema* Hilst recorrentemente passa a apresentar Deus sob uma ótica disfórica ou arruinada, ou, como em "Lázaro", junto ao baixo, ao de dentro, às entranhas, àquilo que não se mostra coeso, ao incompreensível. Exemplo disso é a presença da personagem que é irmão gêmeo de Jesus, Rouah, cujo nome é uma variação da palavra hebraica "ruah" e que, nessa mesma tradição, remeteria, segundo J. Bauer (2000, p.126), ao "sopro de Deus", ao modo pelo qual Ele se manifestaria nos homens.

Associada à paródia, há a problematização da instância narrativa, que reiteradamente indicia o posicionamento do narrador acerca de seu próprio narrar. Apesar de toda a problemática a isso associada, o uso desse procedimento não seria, contudo, algo "novo" em sua produção ou na literatura do século XIX ou, em especial, na do XX. Limitando a uma breve e "patriótica" retrospectiva, parece ser válido afirmar que Machado de Assis já trabalhara essa questão – inclusive com uma espécie de "convocação" do leitor para a cena narrativa –, que foi sendo redimensionada ou desenvolvida por alguns escritores modernistas, tendo atingindo seu ponto de destaque, como foi suscitado, na consolidação de G. Rosa e na de C. Lispector, devido ao "esforço de invenção da linguagem" empreendido por esses autores,

68 NILZE MARIA DE AZEREDO REGUERA

ao levarem leitores a perceberem que "o texto não é um farrapo do mundo imitado pelo verbo, mas uma construção verbal que traz o mundo em seu bojo" (Candido, 1996, p.XVIII). Este modo de se colocar face ao narrar, à linguagem, passou a ser, em maior ou menor grau, retomado ou revisitado pelos autores que se inseriram naquela via outra, especialmente a partir do final da década de 1960 e do início da seguinte. Assim, parece não ser exagero afirmar que, em última instância, as vanguardas ou o modernismo, representativo enquanto articulação de um projeto e remodelação de um fazer poético pautado por certas utopias ou certos valores modernos, seria, também, um parâmetro, uma "figura espectral" na literatura desse período, visto que a tradição por eles e pela modernidade erigida, ainda que revisitada ou vista "em suas ruínas", não deixaria de se fazer presente.[2] Nesse sentido,

> Na grande literatura do meio do século XX, o que está vivo não é a temática modernista em si mesma, oscilante entre a urbe moderna e a mata virgem; o que está vivo é *o princípio da emancipação da escrita literária de todos os resíduos de uma prática convencional*. O que está sempre vivo é *o desejo de plasmar uma palavra que honre as potencialidades todas do real sem perder a coerência e o rigor de um ponto de vista pessoal que tudo articula e exprime quer ideológica, quer poeticamente*. (Bosi, 2003, p.238, grifo nosso)

O expressar(-se) hilstiano dialogou, pois, com essas perspectivas edificadas na modernidade e por suas vanguardas, que trazem, sobre-

---

2 Em debate realizado em 1982, S. Santiago (1983, p.75) indagou: "de que maneira a estética modernista gera hoje, para o jovem escritor brasileiro, armadilhas estéticas e ideológicas de que ele deve se liberar, para que corte de uma vez por todas o cordão umbilical que ainda o prenderia a esses "mestres do passado", para usar a gloriosa expressão de Mario de Andrade em contexto passado e semelhante [?] Pensamos assim porque o projeto básico do Modernismo – que era o da atualização da nossa arte através de uma escrita de vanguarda e o da modernização de nossa sociedade através de um governo revolucionário e autoritário – foi já executado, ainda que discordemos da maneira como a industrialização foi implantada entre nós."

HILDA HILST E O SEU PENDULEAR **69**

tudo, a autocrítica e a autoconsciência do/no fazer poético. Ao lançar foco sobre o narrar e os sujeitos que dele se valem, "o que a prosa de Hilda encena como flagrante de "interioridade" é o *drama* da "posição" do narrador em face do que escreve: aquilo que se passa quando alguém se vê determinado a falar, não necessariamente por vontade própria" (Pécora, 2003, p.10, grifo nosso). Em *Fluxo-floema*, favorecem-se, em princípio, variações desse ato, como em "Lázaro", em que a fala do narrador-personagem é permeada pelo "querer", pois ele sente a necessidade de se expressar da melhor maneira, de ser compreendido. Consequentemente, o drama relacionado ao narrar e ao narrador parece ser, inicialmente, *encenado* por um narrar evidenciado pela preocupação de Lázaro em relação ao modo que relata ou que dirige a seus receptores. Essa preocupação aflorada, que parece adquirir um caráter por vezes "didático", ao mesmo tempo em que deixa ver a busca de Lázaro, pode ser relacionada a uma tentativa de convencimento acerca do que ele lhes apresenta, tendo em vista a "validade" do conteúdo. Assim, a sua fala se associa a um suposto "saber", que, num primeiro momento, aproxima-se do paradigma do que é tido como "verdade" – o discurso bíblico, a tradição – pautando-se numa estruturação narrativa aparentemente (mais) decodificável.

Entretanto, como em outros textos de Hilst, essa situação inicial adquire feições outras: as noções de "saber", de "verdade", de "credibilidade" passam a ser "corroídas" à medida que se entoam diferentes vozes e que a paródia inscreve um texto distinto. E nos espaços corroídos do que era tido como "verdade", como tradição, o discurso de Lázaro se instala ambivalentemente: têm-se o "saber" e o "não-saber", o "relatar" e o "imaginar", a "realidade" e a "ficção".

A fala de Lázaro, num primeiro momento, poderia ser relacionada ao "relatar" – a apresentação dos fatos tal como se deram –, visto que ele procura clarificar os acontecimentos a seus receptores, convencê--los do ocorrido. No decorrer do texto, porém, o relatar, a busca pela palavra clara e precisa vão se revelando uma *tentativa*, à medida que Lázaro é visto como "louco" e que há um desdobramento em direção a outras instâncias e vozes narrativas, como no momento em que, instantes após a sua morte, ele se depara com *o outro*:

70 NILZE MARIA DE AZEREDO REGUERA

[...] Ao redor DELE... ao redor DELE, um espaço indescritível, perdoem-me, na morte seria preciso encontrar as palavras exatas, porque na morte vê-se em profundidade, mas ainda assim não sei de uma palavra que qualifique o espaço que vi em vida ao redor DELE. *Não sei se vocês entendem o que eu quero dizer, agora estou morto e por isso deveria saber dizer do que vi em vida. Deveria. Então*: Ele estava parado. Ele pousava. Ao redor DELE um espaço indescritível. Ele era alguém que se parecia comigo. Não no jeito de estar parado. Não: *eu vou dizer claramente agora*: Ele era eu mesmo num espaço indescritível. Perguntei: por que estás assim parado? Ele disse: Lázaro, olha-me bem, Lázaro: eu sou a tua morte. Dei alguns passos apressados na direção daquele corpo. Era preciso saber o significado das palavras que eu ouvira, era urgente que eu soubesse. Estendi o braço para tocá-Lo, mas a minha mão feriu-se no tronco da figueira. Não era ali que Ele estava? Ele não estava parado junto ao tronco da figueira? Um tempo fiquei assim: pasmado. Parado. Junto ao tronco da figueira. Depois ouvi a voz de Marta: Lázaro? Estás dormindo? Pobre... ele dormiu, Maria, ele dormiu... coitado! (Hilst, 2003c, p.114, grifo nosso)

Não se nega, simplesmente, a tradição herdada, mas se valendo dela mesma instaura um *entrelugar discursivo*, em que ela e o seu tensionamento paródico coexistem, em que o "saber" se mostra "não-saber". A voz do narrador-personagem, que busca por "palavras exatas", claras, e que deseja "saber o significado", não é a única ao longo do texto, pois ecoam da "mesma garganta" vozes outras, que perturbam qualquer apreensão de uma suposta verdade ou de relato dos acontecimentos.

Essa corrosão polifônica se constitui num recurso recorrente em Hilst e que, sendo associada à imagem do *outro*, ganha amplitude. Em "Lázaro", ou em *Fluxo-floema*, o protagonista se depara de alguma forma com a *alteridade*, que pode se manifestar por configurações várias – um desdobramento de si, ou o seu oponente, ou o seu próprio discurso –, sempre associadas ao corpo, ao de dentro, às entranhas, à morte. No caso de Rouah, estaria relacionada também à ressignificação da Santíssima Trindade, agora com Lázaro, Jesus e Rouah, que direcionaria esta trindade outra ao paradigma da dessacralização. Ter-se-ia o exercitar dessa corrosão tríade, "pois em cada um dos textos há três *personagens*, melhor três máscaras que se destacam" (Rosenfeld, 1970, p.15, grifo do autor).

HILDA HILST E O SEU PENDULEAR **71**

Os "vários" em Hilda seriam, pois,

[...] mais proliferações inadvertidamente incapazes de se conter numa unidade, do que propriamente essências ou estilos irredutíveis entre si. A verdadeira multidão que ocupa o lugar da narração fala quase sempre com a "mesma garganta". Isto é, todas as personagens mal-ajambradas que se apossam da suposta "consciência em fluxo" são muito semelhantes, mas ainda assim incontidamente várias; apossam-se sucessivamente do discurso como entes parecidos entre si, a ocupar precariamente o lugar da narração. (Pécora, 2003, p.11)

A proliferação e o desdobramento que vão se instalando na estruturação ficcional permitem que o ato narrativo seja relacionado à falabilidade, à fragmentação e, como se notará, ao próprio corpo das personagens. O lugar da narração é insistentemente ocupado de maneira *precária*, e, no caso de "Lázaro", o "não-saber" é um ponto de desestabilização de sua fala e que a revela enquanto impossibilidade: Lázaro passa a ter dificuldades para se expressar, ou as personagens não mais acreditam nele. Poder-se-ia indagar, então, em que medida essa estruturação propiciaria um outro desdobramento, relacionado à instância autoral: Lázaro, ao se colocar, inicialmente, na posição daquele que detém a palavra, poderia ser relacionado a Hilda Hilst e suas *personae* – autor empírico, autor textual, narrador-personagem –, bem como ao suposto ou esperado papel do escritor?

Haveria, nesse sentido, um modo de expressar(-se) fundamentado numa estrutural abissal, polifônica, em que o contar do narrador-personagem se direcionaria às tradições judaico-cristã e artístico-literária, colocando ambas em cena, tensionando-as. Por meio de uma referência ambiguamente alegórica, não teria, ainda, deixado de colocar em cena signos da "opressão" e da "punição", sobretudo no momento em que Lázaro é "castigado" por ter apresentado a sua "verdade" ou o que seria outra visão. Essa referência dupla instauraria uma relação dialética entre a "autorreflexividade" e a "fundamentação histórica" (Hutcheon, 1991), texto e contexto, o dentro e o fora. É dessa perspectiva que se pode investigar em que medida Hilst se utilizou das tradições de que

72 NILZE MARIA DE AZEREDO REGUERA

foi herdeira e *atuou* nos meandros das mesmas, reescrevendo-as, dialogando com o contexto em que vivia/produzia. Redimensionando as palavras de Bosi (2003, p.238), pode-se afirmar que Hilst, não perdendo "a consciência e o rigor de um ponto de vista pessoal que tudo articula e exprime quer ideológica quer poeticamente", colocou-se num e instaurou um *entrelugar*, do qual emergia, sobretudo, o sujeito que *reage* de diferentes maneiras diante da necessidade de (se) verbalizar, do próprio corpo textual.

Aquele que detém a palavra, a voz narrativa, é, assim, apresentado num momento, no mínimo, conflituoso: Lázaro depara-se com sua morte, *o Outro*, o de dentro, o baixo, e quer se expressar da melhor maneira. É quando Rouah entra em cena e Lázaro teme se fazer "obscuro":

> [...] Não são todos que acreditam NELE. Eu acredito, porque Ele é alguém feito de mim mesmo e de um Outro. O Outro, eu não lhes sabia dizer o nome. O Outro não tem nome. Talvez tenha, mas é impossível pronunciá-LO. Sei que me faço cada vez mais obscuro, mas não é todos os dias que se vê um homem feito de mim mesmo e do Outro. Querem saber? Há mais alguém dentro DELE. Mas tenho medo de contar tantas coisas a um só tempo, tenho medo que vocês pensem que eu estou inventando. Mas é verdade: além de mim mesmo e do Outro, há no Homem mais alguém. Esse alguém chama-se Rouah. (Hilst, 2003c, p.114-5)

O narrador-personagem, após a sua morte, depara-se com *o Outro*, *os outros*, e teme que não seja mais compreendido – a sua fala não seria mais relacionada ao "relatar", à "verdade", mas ao "imaginar", ao "inventar". Como resultado, Lázaro vai transitando entre o "saber" e o "não-saber", entre o "relatar" e o "imaginar", numa espécie de percurso narrativo movente em que as certezas são postas em questão, o que leva o leitor, inclusive, a desconfiadamente indagar: Lázaro estaria louco? É esse um questionamento que vai permeando a recepção do discurso de Lázaro, e que se destaca, sobretudo, no desfecho do mesmo, quando ele, após um desdobramento espaçotemporal em direção a um futuro, vê-se junto aos monges. A polifonia e a autorreferencialidade

HILDA HILST E O SEU PENDULEAR 73

contribuem, então, para a que a escritura hilstiana se erija de modo ambíguo: narrar e narrador-personagem se enveredam por esse percurso no qual "certeza" e "dúvida", "relato" e "imaginação" coexistem. A esses recursos soma-se a oscilação da fala do narrador-personagem, que ora se refere a seus sentimentos após a morte, ora ao que está acontecendo com as demais personagens nesse mesmo período, sempre na tentativa primeva de abarcar os fatos. É assim que, ao apresentar as ações de suas irmãs Marta e Maria, que esperam por Jesus, Lázaro se expressa:

> [...] A casa inteira recende a nardo. A múltiplas essências. Era preciso tanto? Não teria sido mais sensato guardar os perfumes para eventuais dificuldades? Não, nisso elas estão de acordo, é preciso perfumar o irmão morto. Vamos esperar! Ainda não! Quem sabe Ele virá? E Maria vai até a porta, olha em todas as direções. Maria, escuta-me: Ele não virá. É preciso aceitar a minha morte. Acompanho o meu corpo, atravesso as ruas humildes da minha aldeia, as mulheres falam em segredo à minha passagem: é Lázaro, amigo de Jesus. E morreu. É Lázaro, que adoeceu de repente, ninguém sabe por quê. Eu sei por quê. Eu sei que agora depois de ter visto o Homem, o meu sangue e a minha carne não resistiriam. Algumas vozes dentro de mim tentam confundir-me: mas tu eras amigo de Jesus, viste-O inúmeras vezes, e nem por isso mudaste! Sim. Mas jamais vira Aquele Homem Jesus, Aquele Homem Eu Mesmo, Aquele Homem o Outro, Aquele Homem Rouah. Parado. Pousado. E ao redor dele, um espaço indescritível. Chegamos. Tenho medo. Um pequeno vestíbulo. Depois, a rocha. Dentro da rocha, um lugar para o meu corpo. (ibidem, p.115-6)

A assimilação de certos vocábulos ou de um estilo determinado, a diminuição da pontuação ou a abolição desta são procedimentos que enredam a relação enunciado-enunciação, fazendo com que os enunciadores não sejam num primeiro momento identificados, tendo as suas falas imbricadas. Se comparado a outros textos da autora, "Lázaro" não apresenta um escrever "em fluxo", radical, dado pela supressão dos sinais de pontuação, nem um uso excessivo de vocábulos referentes a campos semânticos específicos. Tem-se um "exercício de estilo" na medida em que uma personagem de certa importância

74 NILZE MARIA DE AZEREDO REGUERA

na tradição judaico-cristã assume a posição de narrador e em que há um "preenchimento paródico" do discurso bíblico, inclusive com a utilização de recursos gráficos como as maiúsculas, fomentando outro texto a partir do canônico.

Ao utilizar uma referência canônica, Hilst opera a dessacralização da mesma, lidando ambiguamente tanto com essa referência quanto com a tradição que a sustenta. Note-se como, no sepulcro, Lázaro se depara com Rouah, descrito com seu sexo peludo, assemelhando-se a um animal, sujo, mal-cheiroso:

> [...] Agora estou aqui e não sinto o teu cheiro, sinto o cheiro da minha própria carne, um cheiro gordo entupindo minha boca, um cheiro visco-so, preto e marrom. Rouah também o sente, porque parou de lamber-se, levantou a cabeça, e os buracos de seu focinho se distendem, se com-primem, assim como se você tocasse matéria viva e gelatinosa. [...] digo com certeza: Rouah construiu do nada uma flor gigantesca, as pétalas redondas, no centro uma rosácea escura e latejante. Agora sim, ele está contente. Está contente como... como se acabasse de parir. É isso. A flor gigantesca afunda-se no meu ventre, a rosácea escura absorve o conteúdo das minhas vísceras. Maldito Rouah! Amas o teu corpo, Lázaro? Rouah também o ama. O teu corpo assegura tempo justo de vida aos filhos de Rouah, compreendeste? Não. Então ouve: tudo o que Rouah cria do invi-sível, é filho de Rouah. No teu ventre, ele colocou o primogênito. Depois teu peito é que servirá de alimento para o segundo. E tua cabeça será leite para o terceiro. (ibidem, p.119-20)

O contato de Lázaro com Rouah, uma figura grotesca, é carac-terizado por vocábulos e imagens relacionados à decomposição, à monstruosidade, à desproporcionalidade, à sexualidade, ao demoníaco. Nessa "confusão de escrituras", Lázaro, além de estar inserido nessa trindade outra, é colocado no papel que coube à Virgem Maria: dar à luz ao primogênito, que, no caso, é filho de Rouah, oferecendo o seu corpo como alimento. O mal-estar que permeia o diálogo de ambos e que poderia impactar o polo receptivo parece intensificar a tensão polifônica, junto às imagens do múltiplo e da morte, e ao desdobra-mento corporal.

HILDA HILST E O SEU PENDULEAR 75

A essas poderia ser relacionada a estrutura abissal que sustenta "Lázaro": ao mesmo tempo em que se tem uma "confusão de escrituras", há uma amalgamação de discursos, dada pela referência do narrador- -personagem aos acontecimentos e às demais personagens. Enredam- -se "núcleos" discursivos que se entrecruzam, referentes a Marta e Maria, Rouah e seus filhos, Jesus, o escriba e o povo, Judas, os monges. Todos se caracterizam pela presença de Lázaro, que, no decorrer do contato com eles, vai transitando por entre a "vida" e a "morte, a "sanidade" e a "loucura". E ao apontarem a fábula, com Lázaro envolto em faixas, esses núcleos alegorizariam, ainda, a fabulação, evidenciando as distintas faixas discursivas que o compõem e a imbricação das vozes.

Outro recurso de tessitura do texto e que acentua o enfoque dado ao narrar é a interação do narrador-personagem com o escriba. Sugestivo é o momento em que após o perturbador contato com Rouah, Lázaro, caminhando pela Betânia, encontra-o:

[...] Dentro em breve nenhum de nós O verá. O escriba me persegue, e a cada instante pergunta: Ele é o Homem? É aquele que dizem? Sacode o meu braço: Lázaro, conta, eu preciso escrever sobre todas essas coisas. Por que não falas? Então tenho diante de mim um ressuscitado, porque estavas morto, não é? Ou não estavas? Sim, estavas morto, eu te vi, eras amarelo, tinha os lábios roxos, oh, por favor, me diz, me diz como é lá embaixo. Cala-te. Mas não vês, Lázaro, que não é justo? Sorrio: come os marmelos, afasta-te. Mas por que me dizes sempre que eu devo comer marmelos? Não comeste marmelos enquanto eu estava morto? Eu? Eu? Não me lembro... na verdade, não me lembro... e que importa? Afasta-se tomando notas e repetindo: marmelos... hoje ele me fala novamente em marmelos... Lázaro perguntou-me: não comeste marmelos? Ah, que coisa tão obscura para a posteridade! (ibidem, p.121)

Esse contato é entremeado por um sentimento de "incompreensão": Lázaro não quer ou não consegue falar o que passara; e o escriba não tem o que gostaria, restringindo o seu registro a frases mínimas ou pouco esclarecedoras. Se retomada a acepção de "escriba" como aquele que "escreve mal", como "escrevinhador" (Houaiss, 2009), ou,

76 NILZE MARIA DE AZEREDO REGUERA

conforme o capítulo 20 do "Evangelho de São Lucas", como aquele que teria um papel de destaque na sociedade, podendo ser ludibriado pelo poder, nota-se um prisma irônico em relação àquele que detém a palavra, àquele que escreve, já que a ele restam os "marmelos" ou "coisa[s] tão obscura[s] para a posteridade". Este viés interpretativo pode se mostrar fecundo se for considerada, ainda, a rede de relações e de forças atuantes no sistema artístico-literário e que impulsionariam o circuito paródico, como, por exemplo, o fato de que "Lázaro" foi dedicado a Caio Fernando Abreu, escritor com o qual Hilst compartilhava suas observações acerca desse meio, de seu ofício.[3] É válido

---

3 O anedotário acerca de Caio Fernando Abreu e de Hilda Hilst fomenta-se, sobretudo, pela singular amizade que cultivaram e que deixou ver, na relação autor-público, no entremeio vida-obra, as *personae* de que se valeram ao longo de décadas de produção. A esse respeito, destacam-se, além de textos dos próprios autores, comentários como: "Quando escreveu a primeira versão do *Inventário*, [Caio Fernando Abreu] trabalhava na redação da revista *Veja*, em São Paulo, para onde se mudara em 1968; perseguido por agentes do DOPS, pois estávamos em plena fase férrea do regime militar, com vinte anos incompletos, ele se refugiou no sítio da escritora e amiga Hilda Hilst [...] onde viveu quase um ano. Carregou consigo uma mala com cerca de cinquenta contos dispersos, que, organizados e escolhidos, resultaram no novo livro. A partir daí, em retribuição, Caio passou a trabalhar como secretário informal de Hilda, e, à noite, os dois liam juntos estudos de astrologia, misticismo e esoterismo, e depois, inspirados pelo tom nebuloso daquelas leituras, postavam-se à mesa de jantar para fazer o velho jogo espírita do copo que anda. Liam também Tolstoi, Thomas Mann, Rilke, e, em algumas noites mais agitadas, diante de uma figueira tida como mágica que se ergue bem à entrada do sítio, Caio, atiçado por Hilda, mas não inteiramente convencido, chegava a acreditar que recebia o espírito de Federico García Lorca" (Castello, 1999, p.61-2). Ou, ainda, as palavras de Caio Fernando Abreu acerca de "Osmo", "Unicórnio" e "Lázaro", que Hilst lhe havia enviado enquanto redigia *Fluxo-floema*: "Querida Unicórnia, acordei hoje com a mão de minha mãe me entregando a tua carta. Rasguei o envelope, frenético, não esperava tanta coisa, fiquei surpreso com o Osmo, que não estava planejado, decidi não ir à faculdade, ficar lendo. Afundei manhã, esqueci de tomar café, não almoçaria se a família indignada não viesse em peso saber os porquês do meu estúrdio procedimento, acabei de ler recém, duas horas da tarde, de uma enfiada só, o Osmo, o Unicórnio e o Lázaro. [...] Não conheço nada de tão novo na literatura brasileira como o teu 'Triângulo' [...]. Você incomoda terrivelmente com essas três novelas. Aqueles coitados que, como eu, tem o ritmo marcial da prosa ficam de cuca completamente fundida, neurônios arrebentados, recalcadíssimos, frustradíssimos, confusíssimos. É uma maldade

HILDA HILST E O SEU PENDULEAR 77

indagar, ainda, se haveria nessa referência, no mínimo curiosa ou irônica, ao papel daquele que escreve, uma (re)encenação do almejado papel do criador, cujo engajamento supostamente modificaria o *status quo*. Dessa perspectiva, retomando a discussão suscitada no primeiro capítulo, a presença da loucura promoveria tanto um questionamento das convenções vigentes, podendo retomar os fios biográficos aí implícitos, quanto uma reificação de um procedimento autocorrosivo e autorreferencial, do narrar em sua ambivalente (im)possibilidade.

Lázaro, mesmo se esforçando e buscando o melhor modo de relatar os fatos e os seus sentimentos, passa, então, a ser incompreendido pelas demais personagens ou visto como "louco". Sua fala é permeada pela "falência", que é relacionada ao "não-saber", à impossibilidade de se abarcar o que sente ou o que passou, ou, ainda, a uma diferença de "saber" em relação às demais personagens. Na ceia, momento que retoma outro episódio bíblico, Lázaro reflete junto a outras personagens:

> [...] E enquanto todos esperam a ceia, eu me pergunto: todas essas coisas que aconteceram contigo, Lázaro? Foste o único homem a conhecer Rouah? Foste único a ressuscitar depois desse conhecimento? E todos que estão próximos a Jesus sabem que Esse homem é um homem igual a todos nós, mas tão possuído de Deus, tão consciente de sua múltipla natureza que só por isso é que se transformou naquilo que é? Não, não sabem. Vejo pela maneira como O examinam. Falam com Ele, mas não O conhecem. Olham-No, mas não O veem. Respeitam-No, é verdade, mas será que O amam? (Hilst, 2003c, p.127)

---

você fazer isso. Maldade porque os que também escrevem de repente percebem que tudo o que fizeram não tem sentido, porque de repente precisam derrubar todas as prateleiras íntimas e começar uma coisa nova. [...] Sem ser panfletária nem dogmática, você é a criatura mais subversiva do país. Porque você não subverte politicamente, nem religiosamente, nem mesmo familiarmente – o que seria muito pouco: você subverte logo o âmago do ser humano. Essas três novelas são uma verdadeira reforma de base. Quem lê, tem duas saídas: ou recusa [...], ou fica frenético e põe os neurônios a funcionar, a pesquisar nesse sentido. Ficar impassível, tenho certeza que ninguém fica" (Abreu, 1999, p.21-2).

78   NILZE MARIA DE AZEREDO REGUERA

A relação com Jesus parece ser, como na *Bíblia Sagrada*, preponderantemente pautada pela credibilidade: Lázaro crê Nele, e diz amá-Lo. E um elemento fundamental para a interpretação do texto hilstiano sob o prisma dessa falência é como, após o ressuscitamento de Lázaro, enreda-se a relação entre "saber" e "não-saber", "relatar" e "imaginar": ele, que adquiriu um saber diferente das demais personagens, vê-se incompreendido ou na impossibilidade de lhes contar a sua experiência. O contato com Jesus revela-se, pois, disforicamente, sendo um elemento de posterior desestabilização. E outro recurso que promove esse amalgamento de discursos e situações é a referência de Lázaro a Judas, cujo amor por Jesus é diferente daquele do narrador-personagem. Nessa mesma ceia, Lázaro observa que:

> [...] Há um homem diferente no pátio. Vê-se que ele ama Jesus mais do que a si mesmo. Não posso precisar a que ponto ele se ama, mas é mais. Isso está bem claro. Chama-se Judas, o Iscariote. O amor desse homem é diferente do meu amor: é um amor de mandíbulas cerradas, de olhar oblíquo, de desespero escuro. [...] Há uma outra coisa difícil de dizer. Digo que é uma outra coisa difícil de dizer porque tudo o que estou dizendo aqui é difícil de dizer. Nem sei como eu consegui chegar a esse ponto, mas essa outra coisa eu também vou dizer: eu acho que o amor do Iscariote tem que ser assim como é. É inevitável que seja como é. Agora me veio uma ternura enorme por esse homem, uma vontade de abraçá-lo: eu te amo, e não sei se você compreende, Judas, o que significa quando uma pessoa como eu diz que te ama. Não que eu seja totalmente diferente de você, eu também sou você, apenas... apenas... oh, Senhor, as palavras são uma coisa enorme à nossa frente, o exprimir é uma coisa enorme à nossa frente, eu sou, apesar de te amar, Judas, eu sou uma coisa enorme à tua frente, me crês? Agora vou tentar dizer: Judas, eu também sou você. Apenas... apenas... eu me recuso a ser totalmente você. (ibidem, p.128-9)

A ressurreição de Lázaro vai adquirindo, pois, um caráter disfórico, visto que paradoxalmente ele se vê na impossibilidade de se expressar, mesmo dotado de um saber próprio, diferenciado – "as palavras são

HILDA HILST E O SEU PENDULEAR 79

uma coisa enorme". Junto a esse procedimento, tem-se um viés alegórico, na medida em que a incompreensão ou a impossibilidade de se manifestar propiciariam um "silencioso diálogo" com o contexto de produção da obra – os anos mais repressivos do regime militar. A imagem daquele que traz a verdade seria retomada, tendo aparecido em outros modulares, em especial no dramático, no qual o silêncio ou a punição pareciam imperar.

O descompasso que perpassa o discurso de Lázaro se intensifica na relação dele com as demais personagens, tendo por consequência a punição, dada pelo espancamento:

> [...] Deito-me na terra. Quem sabe? Quem sabe se a minha tristeza é apenas a impaciência de uma espera? Quem sabe se... Ouço passos e vozes. Levanto-me com esforço. Os joelhos queimam. Vejo três vultos e grito aliviado: Mestre! Marta! Maria! Sou eu, Lázaro! Estou aqui! Os vultos correm na direção da minha voz. Sou agarrado com extrema violência. Quem são vocês? Cobrem minha cabeça. Tapam-me a boca. És Lázaro, não és? És Lázaro, o imundo, o mentiroso, não és? Pois toma, canalha, toma, para não ludibriares os humildes. E recebo golpes na cabeça, no ventre, no peito. Acordo com o ruído do mar. Água nos pés. O meu corpo está livre. Procuro arrancar o pano que me cobre a cabeça. Abro os olhos. Estou sozinho num barco. Um barco sem vela, sem leme, sem remos. Há quanto tempo estarei sozinho neste barco, no mar? (ibidem, p.131)

Para certas personagens, a fala de Lázaro se relaciona ao paradigma do ludíbrio: o narrador-personagem é aquele que engana – ou, como os escribas na *Bíblia Sagrada*, aqueles que são passíveis de desconfiança, podendo trair. É interessante observar como a ambiguidade que se faz presente em "Lázaro" pode apontar o paradoxal sucateamento de um projeto fundado na "verdade" e no "saber", e, no referido contexto, do papel do artista ou criador. Note-se, por exemplo, as palavras de Lázaro ao suscitar a possibilidade da dúvida e a ambivalência que caracteriza a condição de um "morto-vivo", de um ser que estaria no entrelugar, ou a que não restaria um lugar:

80 NILZE MARIA DE AZEREDO REGUERA

> [...] Foi ontem? Mas pode ter sido há dez dias, há cem mil dias, há mil anos. Não, isso é absurdo. É absurdo, Lázaro? Não é tudo absurdo? Eu sou Lázaro. Morri e vi Rouah. Ressuscitei, vi e amei Jesus. Não é absurdo ser quem eu sou? Quem és? Um morto-vivo, um morto-vivo que sentiu a múltipla face do filho de Deus. Um morto-vivo a quem colocaram num barco sem vela, sem leme, sem remo, um morto-vivo que está vendo agora uma coisa: uma cidade! Aquilo é uma cidade! Casas tão altas como nunca vi. E o ruído que ouço é o ruído de um enorme pássaro na minha cabeça. Senhor, eu morri e deve estar entrando no paraíso. (ibidem, p.132)

O discurso de Lázaro lança luz ao seu caráter polissêmico, que, associado ao desdobramento espaçotemporal, contribui para que a incerteza e a loucura circundem a recepção do mesmo, ainda que Lázaro seja dotado de um "saber":

> [...] No centro da parede há outro homem crucificado. Pergunto novamente quem é. O velho monge, o único que me entende, diz que é o homem Jesus, que o homem Jesus está em todas as paredes desta casa. O Homem Jesus? Já lhes disse que Ele não é assim, que Ele não foi crucificado, e olhe, eu saberia se isso tivesse acontecido, eu tive muitos pressentimentos, mas agora tenho a certeza de que ele está bem, porque se aconteceu o absurdo comigo, com Ele deve ter ocorrido o mais sensato, e o mais sensato é festejar o Homem Jesus e colocar uma coroa de flores sobre Aquela cabeça e não uma coroa de espinhos. Quem teve essa ideia terrível? Flores, flores e não espinhos. E olhe, se essas coisas terríveis estivessem para acontecer, eu sentiria na minha pele e pegaríamos aquele pássaro gigante e iríamos até Jerusalém, porque Ele deve estar em Jerusalém, e a essa hora deve estar deitado, deve estar repousando, porque sempre caminha tanto, pobre Jesus! Judas deve estar por perto, contente porque eu desapareci, e sei que Judas pode servi-Lo e tratá-Lo melhor do que qualquer um de nós, porque Marta serve bem mas não O ouve, Marta é sempre aquilo que é, e Maria e eu estamos a cada instante de olhos pregados NELE, amando-O. Frei Benevuto, o que é que Lázaro está dizendo? Está dizendo... tolices, meus irmãos, não tem sentido aquilo que ele diz. (ibidem, p. 132-3)

A noção de loucura, presente no desfecho do texto, reverbera, inclusive, na visão que se pode ter acerca do narrador-personagem:

HILDA HILST E O SEU PENDULEAR 81

Lázaro seria um "louco", em pleno delírio, ou sua aparição no futuro teria ocorrido "de fato"? Essa ambivalência que da condição do narrador-personagem e da caracterização de seu discurso é lançada ao polo receptivo exemplifica a atitude de impassibilidade face ao texto de Hilst, tal como comentada por Caio Fernando Abreu: "ficar impassível, tenho certeza que ninguém fica" (Abreu, 1999, p.22). Esse abalo e essa tensão que vão se instalando paulatinamente também na recepção são postos junto à ironia e/ou a um "humor negro" característico de Hilst, que ao focalizar os extremos de uma condição instigaria reações no receptor, requerendo, pois, a sua *performance*. Isso, por um lado, ressaltaria a presença do bem e do mal como potência no ser humano; por outro, o olhar impactante e ácido de Hilst acerca de seu tempo e de seu ofício.[4]

Esses recursos, que singularmente sustentam o texto hilstiano e que tendem a abalar a sua recepção, possibilitam diferentes interpretações, pautadas pela incerteza, pelo mal-estar ou pela ironia. Como se destacou, a presença do mal e da violência permite que se observe o delineamento de um questionamento ambivalentemente alegórico, que tanto ilumina determinado contexto quanto abarca, como procedimento de construção, a desestabilização – o que juntamente com a ironia e o humor levaria, em outros textos, a uma *ostentação verbal* que, radical, em jorro, pode ser arrebatadora ou até *violenta*. Essa corrosão paradoxal se dá, por exemplo, no diálogo de Lázaro com os monges, em especial com o frei Benevuto:

> [...] Escuta, filhinho, Lázaro, meu filhinho, o Jesus de quem falas está morto há muito tempo, e para os homens de agora nunca ressuscitou, nem está em lugar algum nem... não te aborreças, mas... sabemos que

---

4 O humor negro corresponde a uma "manifestação de humor desconcertante [...] em que elementos macabros, absurdos ou violentos se associam ao cômico. [...] Associado ao Surrealismo, este humor desconcertante é, assim, libertador e sinônimo de denúncia/revolta. Outro aspecto a ter em conta é o princípio do prazer, resultante do efeito de surpreender e divertir através da palavra" (Castro, 2009b). Em "Lázaro", ressalta-se, inclusive, a incompreensão como índice do deslocamento que afeta o narrador-personagem.

82 NILZE MARIA DE AZEREDO REGUERA

> Ele... que Ele nunca existiu, Ele foi apenas uma ideia, muito louvável
> até, mas... Ele foi apenas uma tentativa de... bem, se tudo corresse bem,
> essa ideia que inventaram, essa imagem, poderia crescer de tal forma que
> aplacaria definitivamente a fera dentro do homem. Mas não deu certo.
> (Hilst, 2003c, p.137)

As noções de "credibilidade", "crença", "verdade" do discurso bíblico são assim colocadas em jogo. No movimento alegórico espiralado, essa corrosão se envereda, sobretudo, pela instância narrativa: a posição de Lázaro em relação ao relatar e a como ele procura apresentar os fatos, como também o que vai lhe acontecendo são circundados pela incompreensão, pelo abalo dessas noções. É o caso do desfecho do texto:

> [...] Estás dormindo, Lázaro? Dorme, dorme. Também vou dormir. O
> mundo inteiro dorme. E não te aborreças, mas... além de sabermos que o
> teu Jesus nunca existiu, sabemos também que Deus... oh, sabemos... Deus,
> Lázaro, Deus é agora a grande massa informe, a grande massa movediça,
> a grande massa sem lucidez. Dorme bem filhinho.
>
> Lázaro grita. Um grito avassalador. Um rugido. Arregala os olhos
> e vê Marta. Ela está de pé, junto à cama. As duas mãos sobre a boca.
> (ibidem, p.140-1)

O espaço que graficamente separa os dois últimos parágrafos de "Lázaro" materializa a ambivalência que o sustenta: de uma perspectiva, parece haver a reatualização da história, pois Marta já fora descrita com as mãos sobre a boca, estando ao seu lado na cama. Lázaro estaria moribundo, em pleno delírio? Tudo seria fruto desse estado? De outra, vale indagar se o narrador-personagem, no futuro, teria falecido e então encontrado a sua irmã. O que parece lhe restar, acima de tudo, é o não-enquadramento aos parâmetros socialmente impostos ou esperados, a ineficácia de seu papel, alegorizados pelo entrelugar ou pela ausência de um lugar, por sua condição ambígua de morto-vivo.

Ao se pautar nesses procedimentos e, assim, corroer os alicerces da tradição bíblica e, em certo sentido, da tradição literária, o texto hilstiano se revela enquanto impossibilidade, relacionando-se à morte.

HILDA HILST E O SEU PENDULEAR **83**

Consequentemente "podemos então arriscar a hipótese de que a construção de um novo tipo de narratividade passa, necessariamente, pelo estabelecimento de uma outra relação, tanto social como individual, com a morte e o morrer" (Gagnebin, 2004b, p.65). O que esta estudiosa comenta a partir da leitura de Walter Benjamin vai se destacando na prosa de Hilst: a morte, o morrer se relacionam, pois, com o narrar, deixando ver, junto a seu paradoxal silêncio, a sua (im)possibilidade. "Possibilidade" ao tentar aderir ao paradigma da tradição e das noções de "verdade", de "saber", e do "relatar", e de buscar um lugar social; "impossibilidade" ao ser permeado pela incompreensão, pela ironia, apontando a sua defectibilidade e o seu deslocamento.

Retomando a relação passível de ser estabelecida entre Lázaro e Hilst, podendo ser ele um desdobramento autoral, e o projeto poético que parece ter sido arquitetado em *Fluxo-floema*, é válido analisar o que Hilda empreende em seu modular ficcional. Esse conjunto de procedimentos permite indagar em que medida o narrador hilstiano – ou o narrar hilstiano – paradoxalmente se construiu e foi construído entre os alicerces e as *ruínas* do que a modernidade oferecera ao século XX econômica, social e culturalmente como promessa. Em outras palavras, o que restou a este narrador herdeiro da modernidade, a essa condição que se mostra ou que é vista como *arruinada* na visão/no texto de Hilst?

Exercitando a problematização das estruturas narrativas, dos gêneros literários, e da tradição, e cultivando um modo de escrever ambíguo, Hilst, em "Lázaro", em *Fluxo-floema*, vai reconfigurando no acirramento desses recursos não somente *o que* tematiza, mas também *como* narra. Dessa perspectiva, a imagem de Marta, "fiando uma roca sem tempo", converte-se na alegoria desse expressar(-se): ao mesmo tempo em que se tem um certo narrar, este é denunciado em sua impossibilidade, de modo que a estruturação precária que o sustenta seja, inclusive, posta em xeque. Esse processo de corrosão e de autocorrosão se reatualiza de modo que se tenha a falência e a frustração, restando-se o deslocamento, o silêncio, a morte.

Investigar o modo de escrever de Hilda Hilst ao longo de sua produção em prosa é, em certa medida, observar de que modo as noções de "falência", de "fracasso" e de "morte" fizeram-se presentes, sendo

84 NILZE MARIA DE AZEREDO REGUERA

dinamizadas por estratégias como a autorreferencialidade, a polifonia e a paródia, sempre aliadas a um "exercício de estilo" ou, como se verá, a uma ironia ou a um humor que colocam em cena a figura do artista/escritor. Esse sujeito, que transita em *Fluxo-floema* e nos textos vindouros, é apresentado em "Osmo" como um empresário de meia-idade, que desde o início de sua fala se dirige a seus prováveis leitores-ouvintes na posição daquele que escreve:

> Não se impressionem. Não sou simplesmente asqueroso ou tolo, podem crer. Deve haver qualquer coisa de admirável em tudo isso que sou. Bem, vou começar. É assim: eu gostaria realmente de lhes contar a minha estória, gostaria mesmo, é uma estória muito surpreendente, cheia de altos e baixos, uma estória curta, meio difícil de entender, surpreendente, isso é verdade, muito surpreendente, porque não é a cada dia que vocês vão encontrar alguém tão lúcido como eu, ah, não vão, e é por isso que eu acho que seria interessante lhes contar a minha estória, estou pensando se devo ou não devo. O meu medo é que vocês não sejam dignos de ouvi-la, por favor não se zanguem [...]. (Hilst, 2003c, p.75-6)

Osmo, numa tentativa de aproximação em relação a seus prováveis receptores, vai travando uma relação curiosa e contraditória, pois ao mesmo tempo em que deles requer a atenção, chega a qualificá-los de "indignos". Ao longo do que seria o seu "monólogo", ao tentar apresentar a sua história, que procura escrever "há três dias", que é "surpreendente" e "cheia de altos e baixos", ele vai pontuando a sua fala e, numa espécie de função fática exacerbada, vai marcando o seu narrar com expressões e palavras como "Bem, vou começar", "É assim", entre outras. Entre a aproximação e o distanciamento, parece ir atuando num jogo de simulação e de dissimulação com os seus receptores, deixando ver o caráter encenado de suas falas e atitudes ("Não se impressionem"), valendo-se, inclusive, de um aparente desprezo pelos mesmos:

> [...] Para dizer a verdade, não tenho a menor vontade de escrevê-la, há três dias que passo as mãos nessas folhas brancas, nessas brancas folhas de papel, há três dias que dou umas cusparadas pelos cantos, a minha

HILDA HILST E O SEU PENDULEAR **85**

mãezinha não me aguentava desde pequenininho, não só por causa dessas cusparadas, não me aguentava por tudo, entendem? Não, não entenderam, já vi, aliás eu nunca vou dar cusparadas desde já. (ibidem, p.75-6)

Esse movimento de explicitação e de ocultação se reverbera não somente em nível temático – que poderia ensejar uma visão destoante em relação à denúncia da condição do sujeito no contexto ditatorial –, mas também em todo o processo de enunciação, acentuando o descompasso entre o *narrar prometido* (a surpreendente história) e o *narrar empreendido* (o que, de fato, é apresentado).

A fábula – que, resumidamente, corresponde ao encontro de Osmo com Kaysa, o qual dura aproximadamente uma noite – é permeada pelo monólogo do protagonista, que sempre divaga e, ao fazê-lo, requer a atenção e/ou o entendimento dos seus leitores-ouvintes. A relação entre os polos de produção e de recepção novamente é focalizada, suscitando a perspectiva de Osmo que pressupõe leitores-ouvintes que desconheçam mais do que ele ou que não sejam capazes de entendê--lo, acabando até mesmo por ironizá-los – "vocês me compreendem?" (Hilst, 2003c, p.76); "E de repente, tomei consciência de que o que eu estava vendo no céu era aquela cruz de estrelas que se chama o Cruzeiro do Sul, *vocês conhecem pelo menos isso não?"* (ibidem, p.90, grifo nosso).

No decorrer de sua fala, ao não abdicar do contar, ele se vale da exacerbação dessa função fática e de uma aparente preocupação didática ao discorrer sobre os temas que elege – "Bom" (ibidem, p.80), "Vamos lá" (ibidem, p.78) – que, todavia, tendem a se esvair devido à prolixidade de seu discurso e ao fato de se referir a inúmeros temas – sua mãe, as outras personagens, suas roupas, o seu sexo –, postergando, sempre, o seu intuito primeiro. Assim, "tanto a tentativa de pactuar com o leitor-ouvinte quanto a prolixidade do discurso de Osmo permitem identificar a ironia que permeia a construção do texto: de certa maneira, a fala do protagonista retoma e assim problematiza a herança literária ao dialogar, por exemplo, com a fala de Brás Cubas" (Reguera, 2007, p.197). Isso se reitera ao longo do texto, no aparente esforço de Osmo em dialogar com seus leitores-ouvintes, em tentar verbalizar a sua história:

86 NILZE MARIA DE AZEREDO REGUERA

[...] Quando eu penso em todas essas coisas, penso também na dificuldade de descrevê-las com nitidez para todos vocês. Vocês são muitos ou não? Gostaria de me confessar a muitos, gostaria de ter uma praça, um descampado talvez fosse melhor, porque no descampado, olhando para todos os lados (não se preocupem com as minhas rimas internas) para essa coisa de norte sul leste oeste, vocês compreenderiam com maior clareza, vocês respirariam mais facilmente, e poderiam vomitar também sem a preocupação de sujar o cimento, poderiam vomitar e jogar em seguida um pouco de terra sobre o vômito, e quem sabe depois vocês fariam pequenas bolas com todos os vômitos, naturalmente usando luvas especiais, claro, e lançariam as bolas com ferocidade sobre mim. (Hilst, 2003c, p.99-100)

A fala de Osmo, entre o "fora" (a sua aparência, o seu corpo) e o "dentro" (seus "vômito", fluidos, desejo, dúvidas), é encadeada por uma intensa utilização do fluxo de consciência, o que, consequentemente, instaura um claro descompasso entre o tempo cronológico e o tempo vivencial. Coerentemente, o texto não tem divisão em parágrafos, apresentando-se, como aponta o título do livro, num *fluxo* – recurso que, além de reiterar o desdobramento narrativo, remeteria, até mesmo, ao jorro vocabular, aparentemente sem amarras, numa sessão de terapia psicanalítica. Esse jorro, que, todavia, não é radicalizado, como em outros textos de Hilda, ecoa da fala de Osmo e traz à tona as suas lembranças, apresentadas no texto de uma maneira imbricada, espiralada, em que uma suscita outra sucessivamente. Este narrar em fluxo, contudo, mesmo tendendo a frustrar o polo receptivo, ainda é passível de um suposto entendimento, já que parece não desorientar "por completo" os seus leitores-ouvintes – diferentemente de outros textos, em que se instalaria uma intensificação das tendências presentes em "Lázaro" e "Osmo", abalando de modo contundente a (tentativa de) interpretação. Note-se como Osmo, no banho, preparando-se para o encontro com Kaysa, dá voz a esse narrar:

[...] Começo lavando bem as axilas, esfrego o peito, o meu peito é liso e macio, na verdade eu sou um homem bem-constituído, tenho um metro e noventa, tenho ótimos dentes, um pouco amarelados, mas ótimos [...] Agora as coxas. As coxas são excelentes porque eu fazia todos os dias cem

HILDA HILST E O SEU PENDULEAR 87

metros de butterfly, vocês imaginam como isso me deixou com um peito desse tamanho, ah, sim, eu estava falando das coxas, pois é, são excelentes. [...] mas acho que vocês não estão interessados, ou estão? Se não estão, paro de contar, mas se estão, posso acrescentar que além de fortes, têm uma penugem aloirada [...] Me lembro que na adolescência comecei a gostar de uma menina lá na escola, ela era sem dúvida uma linda menina, e um dia eu notei que ela tinha uma verruga um pouco abaixo do queixo, uma verruguinha de nada, podem crer, e no entanto aquela verruga fez com que tudo em mim murchasse, tudo, e isso foi horrível porque à noite quando eu queria pensar na menina para poder gozar, por favor não me interpretem mal, para poder gozar de horas agradáveis, sozinho na cama, olhando as estrelas [...] lá vinha a verruga e eu disfarçava [...] Desisti. Lógico. Desisti porque todas as noites era essa mesma besteira que me vinha e eu olhava as estrelas e pensava numa égua amarela, porque à falta de uma menina sem verruga, só uma égua amarela mesmo. Bom. As coisas que se pensam no banho. Incrível. Não sei se lavo a cabeça ou não. (ibidem, p.79-80)

Tem-se, portanto, *um narrar que frustra*. Essa frustração se dá para Osmo, que não consegue escrever – ou que, curiosamente, *finge* não consegui-lo –, mas mesmo assim narra; dá-se para os leitores-ouvintes que, não tendo o que lhes fora prometido, têm uma fala prolixa, que enseja um deslocamento de sentidos que pode romper com as suas expectativas.

Esse *destrinçar do narrar*, que também é dinamizado pelo fluxo de consciência, parece trazer à cena, direta ou indiretamente, autores de destaque do século XIX e, sobretudo, do século XX – recurso que daria margem, nesse circuito paródico, à presentificação da ausência. Ao se utilizar reiteradamente desse procedimento, Hilst dialoga constantemente com essa tradição – como na possível conversa entre Osmo, Brás Cubas e seus respectivos leitores –, e com autores como M. Proust, J. Joyce ou S. Beckett, cujo texto "Molloy" se dá a ver como epígrafe de *Fluxo-floema*, fomentando um paródico exercitar de uma "poética radical da narrativa" (Beckett, 2003).

Assim, tanto em "Lázaro" – com o narrar que se articula nos meandros da tradição, corroendo-a – quanto em "Osmo", há uma retomada dialética. Osmo, se comparado ao narrador proustiano, apresenta as

88 NILZE MARIA DE AZEREDO REGUERA

suas lembranças de um modo prolixo, com a recorrência de vocábulos relacionados ao paradigma do disfórico ou de seus aspectos corpóreos, orgânicos, sexuais, ou com a presença de uma atitude ambígua em relação a seus leitores, a qual permite que o humor e/ou a ironia se instale(m).[5] Parece emaranhar-se nesse narrar espiralado e, de certa maneira, nele se esvair. Nesse movimento, mescla suas lembranças da infância – muitas vezes apresentadas sob o prisma do grotesco, da violência ou da sexualidade – à sua metafísica, ao diálogo com Kaysa e ao direcionamento a seus ouvintes-leitores:

> [...] E agora ela resolveu falar de todas as coisas que tem no apartamento, e isso tenho certeza que vocês não vão se interessar, [...] e enquanto ela fala me vem aquele trecho: "o universo é mais belo, contendo o mal como um canto". O mal é a morte? E a vida? Vamos pensar um pouco: o imponderável, as zonas escuras, a travessia perturbadora em direção à... Em direção a quê, afinal? Vamos pensar um pouco porque até agora eu estava distraído. Então, pensemos: quando morremos, morremos definitivamente ou é possível que exista uma outra realidade impossível de

---

5 Caio Fernando Abreu (1999), na referida carta, tem uma atitude exemplar no que se refere ao comportamento de um tipo de leitor – culto, que tem um "trato" com a linguagem e transita entre os polos de produção e recepção –, a qual evidencia a oscilação que se instala na recepção dos textos hilstianos. Essa relação autor--texto-leitor parece ser caracterizada por uma ambivalente catarse: ao mesmo tempo em que se tem empatia e humor, tem-se repulsa e/ou mal-estar. Veja-se o trecho: "Comecei o Osmo rindo feito uma hiena, acho que nunca li nada tão engraçado em toda a minha vida, mas, você sabe, o humor em si não basta, pelo menos pra mim. Quando a coisa é pura e simplesmente humor, fica um enorme espaço vazio entre a coisa e eu: somente as risadas não enchem esse espaço. Por isso eu ria e me preocupava: meu Deus, será que ela vai conseguir? Aí, quando a minha preocupação com o excesso de humor estava no auge, começaram a aparecer no texto os "elementos perturbadores": a estória do Cruzeiro do Sul (ninguém vai desconfiar jamais que você viu MESMO aquilo), o "grande ato", a lâmina, os pontos rosados. E imediatamente o texto sai da dimensão puramente humorística para ganhar em angústia, em desespero. A coisa cresce. O tom rosado do início passa para um violáceo cada vez mais denso, até explodir no negror completo, no macabro [...] Comecei esticado na cama, despreocupado, mas aos poucos fui me inteiriçando todo, com um pânico que nascia nas pontas das unhas até "as pontas tripartidas dos cabelos". Quando terminei, estava sabendo que não podia ser de outro jeito, compreende?" (Abreu, 1999, p.21).

HILDA HILST E O SEU PENDULEAR 89

pensar agora? Impossível de pensar agora porque agora as nossas antenas vão até um certo ponto e depois não vão mais, eu sei que não estou dizendo as coisas com lucidez, apesar de que lhes falei que sou um homem muito lúcido mas a presença e a fala de Kaysa me incomodam, bem vamos lá, eu preciso continuar pensando: quem sabe se na morte adquirimos uma outra dimensão muito mais viva do que esta aparente dimensão de vida [...] Olhem, eu também não contei tudo direitinho para vocês, aquela estória por exemplo da menina com a verruguinha de nada, da janela aberta, vocês se lembram? Da égua amarela, vocês se lembram? Bem, a menina, a égua amarela, têm alguma coisa a ver com a estória, mas não é toda a estória. É verdade que eu pensava na menina, que a verruga da menina me atrapalhava, e que eu resolvi pensar na égua amarela para ficar mais sossegado [...] Vocês vão achar tudo isso meio debiloide, mas as coisas que acontecem conosco não são corolários de um teorema (ou são?). Debiloide ou não, para ser honesto como eu prometi a mim mesmo que haveria de ser na hora de contar as coisas, devo dizer que não me importa nada o que vocês pensam de mim, que eu já me importei, até uma vez tive um acesso de fúria quando a minha mãezinha que adorava dançar me disse que alguém lhe dissera o seguinte a meu respeito: o seu filho, dona, tem alguma coisa que não vai bem. (Hilst, 2003c, p.87-9)

Osmo e Lázaro dariam, assim, voz(es) a um narrar fragmentado e falacioso, e, sob diferentes ênfases, dariam corpo a um sujeito moldado em meio às ruínas da tradição moderna, com uma identidade em processo de desintegração, ou, no mínimo, apontada em sua transitoriedade e relatividade. O contato que cada um tenta estabelecer com os seus prováveis leitores-ouvintes e as consequências desse ato remetem, em certa medida, ao questionamento do papel que a eles virtualmente caberia como narradores-escritores, sobretudo se considerado esse imperativo: teriam eles "autoridade" ao narrar? O que eles teriam a oferecer? O que eles supostamente "deveriam" apresentar? Ou, ainda, os seus sentimentos seriam passíveis de verbalização?

Por se focalizar o papel do narrador, sobretudo num texto em que a herança da modernidade é questionada, as palavras de W. Benjamin, em textos como "O narrador" (1986b) e "Experiência e pobreza" (1986a), por exemplo, podem se fazer presentes. Salvo as diferenças, em

90 NILZE MARIA DE AZEREDO REGUERA

ambos, o autor, no contexto europeu das primeiras décadas do século XX, discorre acerca do conceito de "experiência" e do que seria para ele decorrente do declínio da mesma: "a arte de narrar [...] em vias de extinção" (Benjamin, 1986b, p.197). Assim, a figura do contador de histórias, associada à do narrador tradicional, estaria se perdendo em meio à impossibilidade, dada pelas transformações econômicas, sociais, culturais e materiais então em curso, de se transmitir experiência – a tradição – às gerações seguintes. "É como se estivéssemos privados de uma faculdade que nos parecia segura e inalienável: a faculdade de intercambiar experiências." (ibidem, p.198).

Um contraponto profícuo pode ser estabelecido com o que Hilda apresenta nesses textos, embora em "Osmo" isso pareça ser mais explicitado. Em "O narrador", W. Benjamin associa ao narrador tradicional três figuras por ele comentadas: o camponês sedentário ("aquele que ganhou honestamente sua vida sem sair do país"; ibidem, p.198), o marinheiro comerciante ("aquele que vem de longe"; ibidem, p.198) e o idoso ou o moribundo (aquele que, revestido de autoridade dada por sua experiência ou pela proximidade da morte, dá conselhos). Esses, de uma maneira ou de outra, revestir-se-iam de uma autoridade que lhes seria social e culturalmente reconhecida a fim de transmitirem às gerações seguintes a tradição. Nesse sentido, comenta:

> Assim definido, o narrador figura entre os mestres e os sábios. Ele sabe dar conselhos: não para alguns casos, como o provérbio, mas para muitos casos, como o sábio. Pois pode recorrer ao acervo de toda uma vida (uma vida que não inclui apenas a própria experiência, mas em grande parte a experiência alheia. O narrador assimila à sua substância mais íntima aquilo que sabe por ouvir dizer). Seu dom é poder contar sua vida; sua dignidade é contá-la *inteira*. O narrador é o homem que poderia deixar a luz tênue de sua narração consumir completamente a mecha de sua vida. [...] O narrador é a figura na qual o justo se encontra consigo mesmo. (ibidem, p.221, grifo do autor)

O questionamento de Benjamim ilumina o que, na literatura dos anos 1970, constituía-se, de modo geral, um tema assimilado e/ou

HILDA HILST E O SEU PENDULEAR **91**

problematizado por boa parte dos escritores, tendo em vista, sobretudo, o que se apresentava como tendência ou questionamento: *o que se deve narrar?* É válido, então, investigar o que restou a este narrador herdeiro da modernidade na visão/no texto de Hilst, tendo como fomento a problemática referente ao imperativo de (se) comunicar – ou a atrelagem da literatura a uma "função compensatória", como discutido por Süssekind (1985, p.87) –, ao que seria o (esperado) papel do criador. Dessa perspectiva, as palavras de W. Benjamin se reverberam, pois ao trazerem à tona a problemática do narrar, "constata[m] [...] o fim da narração tradicional, mas também esboça[m] como que a ideia de uma outra narração, *uma narração nas ruínas da narrativa, uma transmissão entre os cacos de uma tradição em migalhas.*" (Gagnebin, 2006, p.53, grifo nosso). É nesse sentido que, segundo Gagnebin (ibidem, p.53), Benjamin relaciona ao narrador oriundo dessa situação as figuras do trapeiro, do catador de sucata e de lixo, "esse personagem das grandes cidades que recolhe os cacos, os detritos, movido pela pobreza, certamente, mas também pelo desejo de não deixar nada se perder". Esse "narrador sucateiro não tem por alvo recolher os grandes feitos", visto que "apanh[a] tudo aquilo que é deixado de lado como algo que não tem significação, algo que não parece ter importância nem sentido, algo com que a história oficial não sabe o que fazer" (ibidem, p.54).

Em princípio, poder-se-ia relacionar Osmo à figura do "narrador sucateiro", que nada quer deixar escapar e que vaga pelas ruínas ou pela condição arruinada de seu presente, apresentando a sua metafísica e fatos relacionados ao seu cotidiano, à sua sexualidade, preocupando-se com os mínimos detalhes – "eu sempre me impressionei com as pequenas coisas" (Hilst, 2003c, p.79). Entretanto, esse procedimento "de apanhar aquilo que é deixado de lado" vai instalando um movimento de (auto)desestabilização, pois tende a ser levado ao extremo: impera o individualismo desse narrador-personagem que, em seu excesso ou sua prolixidade e em sua tentativa de abarcar os fatos rememorados, desdobra a sua fala em relação a outras instâncias – sua mãe, seu neurologista, seu empregado José, a menina da verruga, Mirtza, Hanzi, o existir etc. –, apresentando-as em meio ao relato de seu encontro com Kaysa, porém nunca deixando de ter si próprio como referência.

92 NILZE MARIA DE AZEREDO REGUERA

O que em Benjamin (1986a; 1986b) teria o sentido de uma reavaliação da história e da modernidade, em Hilst se mostraria, mais uma vez, frustração ou aparente inépcia: o que interessa a Osmo e, segundo este, pode interessar a seus leitores-ouvintes é ele próprio e a sua metafísica, nada mais. E isso parece ser enfatizado pela tensão inerente a seu discurso relacionada ao contar e ao não-contar, ao paradoxal diálogo que ele estabelece com os mesmos, ou seja, aos "cacos" que ele lhes dá:

> [...] É besteira isso de ter ternos de todas as cores, riscadinhos etc., isso é para gentalha, a gente sempre está bem-vestido quando está com terno escuro, azul-marinho ou preto, gravata estreita de tricô, meias azuis--marinhos ou pretas de cano longo, lógico, é horrível mostrar os pêlos das canelas, a única coisa que é possível variar é a camisa. A camisa pode ser azul clarinho ou branca. Eu gosto mais de branca. Às vezes ponho as azuis clarinhas. Clarinho ou clarinhas? Tanto faz, ninguém vai se importar com isso, mas de repente podem se importar e vem algum idiota e diz: iii... o cara é um bestalhão, escreveu azuis-clarinhas em vez de (ao invés de?) azuis-clarinho. Isso eu vou pensar depois. Nos trechos mais importantes. Mas nos trechos mais importantes eu não vou falar de camisas, podem crer. Quando eu começar a falar mais seriamente, não que tudo isso não seja muito sério, é seríssimo, mas quando eu escrever sobre as minhas preocupações maiores, porque as minhas preocupações maiores não são camisas nem gravatas, vocês já devem ter notado, ou não? Enfim, quando eu escrever sobre as coisas da morte, de Deus, eu vou evitar palavras como azul-clarinho ou clarinha etc. (Hilst, 2003c, p.84)

São perceptíveis a referência de Osmo a si mesmo, ao seu universo, – o que, na visão de Benjamin (1983), seria a tentativa de "deixar rastros", de reconhecer ou marcar a sua individualidade – e, na relação autor-leitor, a referência aos contextos de produção e recepção, ao cânone literário, ao que era tido como "boa" ou "má" literaturas, e ao próprio texto enquanto construção. Desse modo, Osmo, em seu monólogo autocentrado, além de não cumprir o que prometera – apresentar/escrever/inscrever a sua história "surpreendente", cheia de "altos e baixos" – acaba por não querer se referir a alguns fatos ou se cansar dos mesmos:

HILDA HILST E O SEU PENDULEAR **93**

[...] Estou cansado de contar essas coisas e tudo o mais, tenho uma vontade muito grande de não contar mais nada, inclusive de me deitar, porque se vocês soubessem como cansa querer contar e não poder, porque agora estou dançando com Kaysa, e ao mesmo tempo em que estou dançando estou pensando na melhor maneira de contar quando eu afinal me resolver a contar. Enfim, acho que nesta hora eu devia estar na minha mesa, sentado, e ao meu lado, isto é, em cima da mesa, uma porção de folhas de papel branquinhas, e eu pegaria numa folha de papel, colocaria a folha de papel na máquina de escrever e começaria a minha estória. Começaria assim talvez: eu me chamo Osmo, quero dizer, para vocês eu digo que me chamo Osmo, mas o meu nome verdadeiro, se é que a gente tem um nome verdadeiro, tem sim, mas o nome verdadeiro não interessa. [...] Quem me chamava de Osmo era a Mirtza, mas vocês também podem me chamar de Osmo. [...] era lituana, ela falava a minha língua também, a minha língua é uma língua de bosta [...] Também não sei por que a Mirtza me chamava de Osmo porque Osmo é um nome finlandês e Mirtza era lituana e eu não sou finlandês, bem, não importa. Quando ela me disse que acreditava em mim, fiquei louco de contente. [...] Aí eu falava, falava [...]. (Hilst, 2003c, p.91-3)

Osmo, ao apresentar prolixamente, por meio de "uma língua de bosta", a "tradição em migalhas" (Gagnebin, 2006, p.53), levaria até mesmo a figura do "narrador sucateiro", representativo da perda da experiência e do que a modernidade configurara, ao extremo, a uma significativa redundância. O grotesco, a sexualidade, o ensimesmamento burguês – que esvaziariam a experiência desse indivíduo – seriam, pois, elementos que reiterariam essa tradição herdada, a qual Hilst parece desnudar em sua ambivalente falência, pois o que Osmo oferece são cacos, fragmentos de si mesmo, de seu projeto, de seu contar, enfim, do que parece constituir a sua "pobreza de experiência":

Pobreza de experiência: não se deve imaginar que os homens aspirem a novas experiências. Não, eles aspiram a libertar-se de toda a experiência, aspiram a um mundo em que possam ostentar tão pura e claramente a sua pobreza externa e interna, que algo de decente possa resultar disso. Nem sempre eles são ignorantes ou inexperientes. (Benjamin, 1986a, p.118)

No contexto das últimas décadas do século XX, a "pobreza de experiência" pode ser relacionada à (aparente) incapacidade de Osmo para conselhos, para transmitir a seus leitores-ouvintes a tradição, dado que esta se mostraria arruinada. Pode ser, ainda, relacionada ao fato de que ele, talvez, não tenha interesse em escrever a sua história surpreendente ou que não tenha tantos leitores/ouvintes ("Vocês são muitos ou não?"; Hilst, 2003c, p.99) – interpretação esta que se apresentaria, no mínimo, curiosa se considerados a situação de um mercado editorial em plena ditadura e os anseios do grande público.[6] O que Osmo encena parece reforçar, a todo momento, a quebra de expectativas entre ele e seus receptores, isto é, o caráter ilusório ou frustrante dessa relação – intensificada, inclusive, pelo fato de que "Osmo" não é o seu verdadeiro nome.

Essa quebra de expectativas teria, no jogo de aproximação e de distanciamento instaurado no/pelo texto, uma dupla função: ao se destacar um leitor que se habituou a um tipo de texto – moderno e/ou atrelado ao imperativo de (se) comunicar – e a uma perspectiva de abordagem – pautada na autorreferencialidade e na autocrítica modernas –, torna evidente a problemática que daria forma ao fingimento de Osmo, que posterga o seu narrar, narrando. A sua atitude é ambígua e pode ser lida sob o prisma não somente da inépcia, mas também de uma ironia que ele (e Hilst) lança(m) em direção ao narrar e ao polo receptivo. Osmo narraria o seu próprio fingimento e, nesse engendramento encenado, o texto se voltaria a si mesmo e ao contexto no qual fora produzido e veiculado. Nesse sentido,

> O fim da narração e o declínio da experiência são inseparáveis, nos diz Benjamin, das transformações profundas que a morte, como processo social, sofreu no decorrer do século XIX, transformações que correspondem

---

6 "De forma aparentemente paradoxal, [...] a censura e a repressão não afetaram, em termos quantitativos, a produção cultural brasileira. Isso porque, no caso específico da obra de arte, o processo criador [...] se alimenta praticamente de tudo: flores, pregos, cobras e espinhos. Livros, peças, canções continuaram a ser escritas. [...] Nenhum deixou de dizer o que queria, ainda que em voz baixa, para o papel, para si ou para os poucos companheiros" (Santiago, 1982, p.49).

HILDA HILST E O SEU PENDULEAR **95**

ao desaparecimento da antítese tempo-eternidade na percepção cotidiana – e, como indicam os ensaios sobre Baudelaire, à substituição dessa antítese pela perseguição incessante do novo, uma redução drástica da experiência do tempo portanto. (Gagnebin, 2004b, p.64)

Citando o exemplo de F. Kafka, a estudiosa retoma os argumentos benjaminianos a fim de ressaltar que na obra deste escritor tcheco "as qualidades do narrador tradicional voltam, distorcidas, invertidas, numa espécie de deformação irônica e dolorosa [...]. Assim, em vez de prodigar conselhos, Kafka é, sim, um *grande narrador*, mas que *teria comunicado aos outros a sua desorientação*" (ibidem, p.66; os grifos correspondem a citações que a autora faz de W. Benjamin).

É dessa perspectiva que, da arte de fins do século XX, instalada no entremeio vida-obra, na intersecção de paradigmas e de valores, ecoariam díspares e imbricadas vozes, salientes, irônicas e afásicas. É nessa rede polifônica que se pode ver no (simulado?) cansaço e na (aparente?) desistência em contar a sua história uma atualização irônica e/ou corroída do revolucionário ou do militante, que dariam a sua vida em combate ao regime vigente.[7] Ou, ainda, a redundância

---

7 "No início de 1969 a guerra revolucionária estava começando e aparentemente começava bem. Seis organizações achavam-se em plena atividade. A ditadura parecia isolada. Os militantes abundavam. O sucesso do ataque ao quartel-general do II Exército e da execução do capitão Chandler indicava que o fator surpresa oferecia o êxito fácil. A precariedade com que se protegiam bancos e carros-fortes prometia um razoável período de fartura de fundos. Era planejar, executar e triunfar. Limpavam-se cofres de bancos, paióis de pedreiras e casas de armas. Em 1968 deram-se dezessete assaltos a agências bancárias e carros-fortes em São Paulo, um a cada três semanas. Nos últimos cinco meses do ano seguinte esse número saltou para 59, um a cada seis dias. Esses sucessos eram muito mais um produto dos erros alheios que dos acertos das organizações esquerdistas. Durante todo o ano de 1968 a máquina de informações e repressão do governo patrocinou o seu próprio terrorismo e edificou o golpe do AI-5, mas não cuidou da segurança nacional" (Gaspari, 2002a, p.354). No ano seguinte, o aparelho de repressão do Estado se organizaria, desestruturaria essas organizações, e, valendo-se de uma "velada" amplitude, daria forma ao que já se delineava, os chamados "anos de chumbo": "Escancarada, a ditadura firmou-se. A tortura foi o seu instrumento extremo de coerção e o extermínio, o último recurso da repressão política que o Ato Institucional n° 5 libertou das amarras da legalidade. A ditadura envergonhada

96 NILZE MARIA DE AZEREDO REGUERA

ensimesmada do indivíduo burguês ou liberal, vista sob o prisma do humor oriundo do deslocamento de expectativas e do caráter curioso ou "insólito" dos "elementos perturbadores" (a menina, a verruga, a égua, as roupas, o corpo etc.). Segundo N. N. Coelho (1974, p.87, grifo da autora):

> É em 1970, com *Fluxo-floema*, que [Hilst] entra na área da ficção. Contos? Novelas? Inútil tentarmos definir a "forma" ficcional a que sua palavra aderiu. Do ponto de vista da intriga ou do assunto (quando passíveis de serem rastreados!), qualquer dessas narrativas é absolutamente insignificante. Suas personagens não têm praticamente nenhum contorno definido dentro da ação, e esta também é parca ou quase inexistente. Mas justamente aí está o importante a notar: o que se revela como ação narrativa é manifestadamente insignificante e absurdo, o que importa é a *situação* em que se apresentam as personagens: criaturas desistentes da ação, na práxis, a quem só restam palavras, palavras, palavras...

Se, por um lado, Osmo parece se adequar ao que é afirmado nesta citação, por outro o seu querer – que não implicaria necessariamente uma "desistência" da ação –, a sua condição autocentrada, o seu fingimento intensificam o realce dado à situação em que ele se encontra, fazendo com que se indague, no limite do que se apresenta ao longo do texto, em que medida ele ofereceria algo distinto.

Salta aos olhos, pois, um tipo de humor que, assim como o procedimento paródico, é concatenado de modo a apontar a reversão de

---

foi substituída por um regime a um só tempo anárquico nos quartéis e violento nas prisões. [...] Foi o mais duro período da mais duradoura das ditaduras nacionais. Ao mesmo tempo, foi a época das alegrias da Copa do Mundo de 1970, do aparecimento da TV em cores, das inéditas taxas de crescimento econômico e de um regime de pleno emprego. Foi o Milagre Brasileiro" (Gaspari, 2002b, p.13). Paulatinamente, "a ditadura assumira o controle das chaves dos cárceres e dos cofres, os partidos políticos estavam inertes, a atividade parlamentar resumira-se ao exercício de investigação dos limites do Congresso, e os empresários faziam seus negócios no varejo enquanto seus órgãos de classe banqueteavam o regime no atacado. Concluíra-se o processo de desmobilização da sociedade brasileira. De todas as instituições de âmbito nacional e tradição política, só uma não coubera inteira no acerto: a Igreja" (ibidem, p.236).

HILDA HILST E O SEU PENDULEAR **97**

sentidos, ou o que daria margem a outra interpretação do que é dito: "não se impressionem tanto", declaração que abre o monólogo de Osmo, poderia ser interpretada como "não me levem tão a sério assim". Essa ambivalência, na relação texto-contexto, sustenta um tipo de construção estético-verbal que toca em polos opostos (do contexto repressivo à inépcia, da inépcia ao humor irônico), revertendo-os e propiciando, como consequência, uma possibilidade de interpretação que se mostra transitória. Esse dinamismo corporificaria uma maneira de (se) expressar relacionada a uma performatividade específica: o narrador, em sua *performance*, parece encenar ou fingir o seu próprio fingimento, podendo revelar a sua inépcia e a sua ironia – e, dessa perspectiva, que papel caberia ou restaria a seus leitores-ouvintes?

Veja-se o que Osmo destaca após o banho, arrumando-se para o encontro com Kaysa:

> [...] Ai, esqueci os chinelos, não faz mal, vou assim mesmo de pés descalços para o quarto, me sento na cama e quando sento, ainda sinto, esperem, uma observação, esquisito esse negócio de quando sento ainda sinto, bem, fica assim mesmo, enfim, sinto o calor do meu corpo na cama. Não vou deixar a cama vazia por muito tempo, ela, quero dizer a Kaysa, não vai querer dançar a noite inteira ou vai? A minha cueca. A minha cueca é deliciosa sabem por quê? Eu mando fazer as minhas cuecas com esse tecido que chamam de pele-de-ovo, não sei se vocês conhecem, não é todo mundo que pode ter cuecas de pele-de-ovo, eu tenho porque nessas partes onde as cuecas tocam eu sou muito sensível, e eu falo nessas partes e não falo o pênis, e tal, porque acho que sem falar vocês vão entender, afinal todo mundo tem essas partes, ou não? Bem, não é por pudores estilísticos que não falo o... sim, talvez seja por um certo pudor, porque agora nas reticências eu deveria ter escrito cu e não escrevi, quem sabe deveria ter escrito ânus, mas ânus dá sempre a ideia de que a gente tem alguma coisa nele, não sei explicar muito bem. (Hilst, 2003c, p.81-2)

A sua incapacidade, o seu desinteresse em dar conselhos, a ironia e o caráter defectivo do que apresenta perpassam a sua "autoridade", que é, sobretudo, porosa, moldada no adiamento de seu contar. Mais um dado que fomenta a discussão da performatividade em Hilst é, pois, a

98 NILZE MARIA DE AZEREDO REGUERA

autoridade dos narradores, associada à imagética e ao jogo de desdobramento narrativo com autor, autor textual, narrador-personagem e personagens atuando na cena narrativa. Como informa P. Ottoni (2002, p.128, grifo do autor), J. L. Austin, no início de seus estudos, discutira alguns elementos que implicariam algum tipo de abalo na relação fala-ação, tendo como resultado:

> (a) a nulidade (ou sem efeito) quando o autor não está em posição de efetuar tal ato, quando não consegue, formulando seu enunciado, completar o ato pretendido; (b) o abuso da fórmula (falta de sinceridade) quando se diz *eu prometo*, por exemplo, sem ter a intenção de realizar a ação pretendida; (c) a quebra de compromisso quando se diz *eu te desejo boas vindas*, por exemplo, tratando, no entanto, o indivíduo como estranho.

É justamente essa relação que, ao colocar em foco a credibilidade da fala que é enunciada bem como a confiança advinda daquele que narra, fomenta o contato que se desenrola entre Osmo e a sua recepção, entre os espectros-*personae* relacionados à instância narrativa e aos (tipos de) leitores-ouvintes, revitalizados pelas projeções oriundas do desejo em se compreender. Osmo não tem "garantias" por parte dos leitores-ouvintes de entendimento do que apresenta e/ou de aceitação do seu narrar – fato intensificado pela ironia ou pelo humor que podem ser lidos em seu discurso e em suas ações (ou em sua falta de ações). Tem-se, portanto, uma fala ambígua, que ilumina, sob um prisma, esse herdeiro da modernidade. O que se apresentaria/engendraria em "Osmo" mostrar-se-ia (im)possibilidade, e o trecho final do texto acaba por expor essa situação paradoxal:

> [...] Ligo a chave de meu carro, depressa, depressa, abro todos os vidros e com este vento batendo na minha cara eu estou pensando: talvez eu deva contar a estória da morte da minha mãezinha, aquele fogo na casa, aquele fogo na cara e tudo o mais, não, ainda não vou falar sobre o fogo, foi bonito sim, depois eu falo mais detalhadamente, essa estória sim é que daria um best-seller, todas as histórias de mãe dão best-sellers e querem saber? Amanhã, se ninguém me chamar para dançar, eu vou começar a escrevê-la. (Hilst, 2003c, p.105)

HILDA HILST E O SEU PENDULEAR **99**

Este fragmento reitera a estruturação elíptica do discurso de Osmo e o desejo deste em escrever, *no dia seguinte*, uma outra história, neste caso, um *best-seller* – uma história de mãe. Tem-se um novo adiamento do narrar/escrever a sua história – uma perversa "vingança" pelo fato de seus leitores-ouvintes terem lhe dado atenção? – e um consequente direcionamento em relação ao narrar falacioso: a história que se apresenta não basta; a história que Osmo tenta escrever há dias também não basta; há a necessidade de uma "história de mãe". Esta nova história é, todavia, um desejo que pode ou não ser concretizado – "se ninguém me chamar para dançar, eu vou começar a escrevê-la" (ibidem, p.105). Engendra-se, assim, um postergamento do narrar *ad infinitum*.

Essa estruturação abissal, juntamente com a ironia que advém do desejo do narrador, são procedimentos que permitem a abordagem de *Fluxo-floema* considerando *uma lúdica ou prolífica falência do narrar*: uma obra que, ao colocar em cena insistente e/ou ironicamente recursos discursivos consagrados na modernidade pela tradição artístico--literária, denuncia paradoxalmente esses mesmos procedimentos e a tradição em seu caráter arruinado. O final do texto (recomeço?) renova e reatualiza essa estruturação ambivalente: nem a "história de mãe" e/ou um *best-seller* bastarão. E, implicitamente, advém uma desconfiança paradoxal: nem (mais) uma ou nenhuma história(s) basta(m)?

O que Gagnebin (2006) problematizou e relacionou à morte e ao morrer mostra-se um simulacro, ou seja, a encenação da (im)possibilidade do narrar: *um narrar que frustra, um narrar que se frustra*, ao mesmo tempo em que se engenha.[8] No contexto sociopolítico da ditadura, Hilda elaborou, assim, um conjunto de textos que tematizaram e incorporaram a impossibilidade e a necessidade de se narrar ou de se manifestar, e, por ir se acirrando, destoante do que era tendência. Se,

---

8 O conceito de "simulacro", com base nas considerações de autores como J. Baudrillard (1991) e M. Perniola (2000), pode ser entendido como um procedimento de autorreferência que abalaria a relação do signo ou do referente com o real. O simulacro implicaria, pois, um jogo de simulação e de dissimulação, como enfatiza Baudrillard, que impossibilitaria qualquer referência a uma origem ou a um modelo prévio, ou, conforme Perniola, a destituição da relação entre o "original" e a sua "cópia", estabelecendo o trânsito.

100 NILZE MARIA DE AZEREDO REGUERA

como afirmou F. Süssekind (1985, p.87), urgia "dizer o que a censura impedia o jornal de dizer, fazendo em livro as reportagens proibidas nos meios de comunicação de massa" e "produzir ficcionalmente identidades lá onde dominam as divisões, criando uma utopia de nação e outra de sujeito, capazes de atenuar a experiência cotidiana da contradição e da fratura", o que Hilst concatena em seu modular ficcional parece paulatinamente *acentuar* a contradição e a fratura e, concomitantemente, dispor a ironia e um humor como possibilidades de diálogo ou de contato. Ao ter o paradoxo em sua estruturação e em sua tematização – o narrar como (im)possibilidade –, e ao focalizar o papel do escritor e o do leitor de uma perspectiva problematizada, o texto de Hilda desestabiliza, inclusive, o papel e a voz autorais. É nesse sentido que as suas *personae* podem ser vistas no texto e que se pode afirmar que Osmo ou Lázaro, ambos na posição daqueles que relatam, aludiriam, cada um à sua maneira, a Hilda Hilst, eu-textual, uma autora-personagem, ou na abissal ficcionalização do jogo com a língua, a Osmo-Lázaro-Hilda, personagem espectral.

Esse mesmo recurso, também presente em "Fluxo", texto de abertura do livro, fomentaria o movimento de deslocamento de uma narrativa aparentemente mais "palpável" ou "interpretável", como "Osmo" ou "Lázaro", à radicalização dessa estruturação. O movimento delineado em *Fluxo-floema* se relaciona ao que Hilda vinha fazendo em seus outros textos: "exercícios". Se, como se ressaltou, no final da década de 1960 ela lançara uma série de poemas assim intitulados ou por essa ideia direcionados, e transitara pelo alegórico em seu teatro, em sua prosa ela se valeu, de modo progressivo, dessa trajetória poética a fim de *exercitar* um tipo de escrita pautada, sobretudo, na *dramatização*, isto é, no caráter performático daquilo que é narrado.[9] Se, como é sabido, escritores da segunda metade do último século co-

---

9 A respeito de Clarice Lispector, Benedito Nunes (1995) apresentara a expressão "drama da linguagem", pela qual ressaltou um modo de escrever que colocava em foco a própria linguagem enquanto encenação verbal. A esse mesmo respeito, Silviano Santiago (1997) destacou que em seus textos "Clarice inaugur[ou] uma tradição sem fortuna, desafortunada, feminina e, por ricochete, subalterna", a qual, cremos, parece ter sido levada por Hilda Hilst a um patamar outro.

HILDA HILST E O SEU PENDULEAR **101**

locaram em cena o narrar, a voz que narra, e direta ou indiretamente, o papel do artista ou desse sujeito-narrador herdeiro da modernidade, é em Hilst que as problemáticas relativas a essas questões parecem ganhar proporções abissais. De um polo a outro, aproximaram-se de um verboso silêncio ou de uma ostentação vocabular e poética que (se) esvaziava; em outras palavras, aproximaram-se da morte: tecido escritural, figura espectral, autora-narradora-personagem, *personae*.

Em "Fluxo", isso vem à tona no discurso do narrador-personagem Ruiska, um escritor, que é casado com Ruisis, que se envolveria com o editor do marido, e pai de Rukah, que morreria de encefalite. Desde o primeiro parágrafo, esse jorro vocabular, configurações do narrar em fluxo, apresenta-se enquanto virtualidade e concretude – ou seja, possibilidade futurível, ao evidenciar o (*ensaio* do) texto que fora encomendado pelo editor, e materialidade (do) presente, sendo o narrar que mostra:

Calma, calma, também tudo não é assim escuridão e morte. Calma. Não é assim? Uma vez um menininho foi colher crisântemos perto da fonte, numa manhã de sol. Crisântemos? É, esses polpudos amarelos. Perto da fonte havia um rio escuro, dentro do rio havia um bicho medonho. Aí o menininho viu um crisântemo partido, falou ai, o pobrezinho está se quebrando todo, ai caiu dentro da fonte, ai vai nadando pro rio, ai ai ai caiu no rio, eu vou rezar, ele vem até a margem, aí eu pego ele. Acontece que o bicho medonho estava espiando e pensou oi, o menininho vai pegar o crisântemo, oi que bom vai cair dentro da fonte, oi ainda não caiu, oi vem andando pela margem do rio, oi que bom bom vou matar minha fome, oi é agora, eu vou rezar e o menininho vem pra minha boca. Oi veio. Mastigo, mastigo. Mas pensa, se você é o bicho medonho, você só tem que esperar menininhos na margem do teu rio e devorá-los, se você é o crisântemo polpudo e amarelo, você só pode esperar ser colhido, se você é o menininho, você tem que ir sempre à procura do crisântemo e correr o risco. De ser devorado. Oi ai. Não há salvação. Calma, vai chupando o teu pirulito. Eu queria ser filho de um tubo. No dia dos pais eu comprava uma fita vermelha, dava um laço no tubo e diria: meu tubo, você é bom porque você não me incomoda, você é bom porque é apenas um tubo e eu posso olhar para você bem-descansado, eu posso urinar a minha

102   NILZE MARIA DE AZEREDO REGUERA

urina cristalina dentro de ti e repetir como um possesso: meu tubo, meu querido tubo, eu posso até te enfiar lá dentro que você não vai dizer nada. As doces, primaveris, encantadoras manhãs do campo. As ervinhas, as graminhas, os carrapichos e sob o sol doirado. Meu filho, não seja assim, fale um pouco comigo, você vê, meu filho, eu preciso escrever, eu só sei escrever as coisas de dentro, e essas coisas de dentro são complicadíssimas mas são... são as coisas de dentro. E aí vem o cornudo e diz: como é que é, meu velho, anda logo, não começa a fantasiar, não começa a escrever o de dentro das planícies que isso não interessa nada, você agora vai ficar riquinho e obedecer, não invente problemas. Empurro a boca pra dentro da boca, chupo o pirulito e choramingo: capitão, por favor me deixa usar a murça de arminho com a capa carmesim, me deixa usar a maleta roxa com alamares, me deixa, me deixa, me deixa escrever com dignidade. O quê? Ficou louco outra vez? E o teu filho não tá com encefalite? Toma, toma quinhentos cruzeiros novos e se não tá com inspiração vai por mim, pega essa tua folha luminosa e escreve aí no meio da folha aquela palavra às avessas. Uc? Não seja idiota, essa é a primeira possibilidade, invente novas possibilidades em torno do. Amanhã eu pego o primeiro capítulo, tá? Engulo o pirulito. Ele me olha e diz: você engoliu o pirulito. Eu digo: não faz mal, capitão, o uc é uma saída pra tudo. Está bem. Ele sai peidando no meu belíssimo pátio de pedras perfeitas e grita; amanhã, hein? Sorrio. (Hilst, 2003c, p.19-21)

É provável que desde o início do texto certos leitores se sintam, num primeiro momento, "desconfortáveis" com o que é apresentado, devido aos vocábulos, a uma coloquialidade e a um radical desdobramento narrativo empregados – haveria "um só" narrador? Quantas histórias (inconclusas) se apresentam?[10] Aliado a esses elementos ter-se-ia um

---

10 O modo como Hilst opera a aproximação e o distanciamento em relação aos leitores remete àquilo que Barthes (1999, p.21-2), em um texto que marcou a sua trajetória, afirmara a respeito dessa interação: "Texto de prazer: aquele que contenta, enche, dá euforia; aquele que vem da cultura, não rompe com ela, está ligado a uma prática *confortável* da leitura. Texto de fruição: aquele que põe em estado de perda, aquele que desconforta (talvez até um certo enfado), faz vacilar as bases históricas, culturais, psicológicas, do leitor, a consistência de seus gostos, de seus valores e de suas lembranças, faz entrar em crise sua relação com a linguagem." O comportamento de Caio Fernando Abreu, visto então na posição de um (tipo

HILDA HILST E O SEU PENDULEAR **103**

caráter "insólito", atrelado a um percurso de sentidos (da "escuridão" e "morte" ao "filho de um tubo", por exemplo), que coloca em cena um "tatear" desses/nesses recursos. Isso acaba por revelar a *encenação da busca* pelo tema, pelo sentido, pelo narrar, promovida pelo narrador--personagem-escritor – Ruiska?, o(s) narrador(es) do(s) texto(s) que está/estão sendo escrito(s) por Ruiska?, Hilda Hilst?, suas *personae?*

Esse dinamismo, que ilumina não somente o texto e a(s) sua(s) temática(s), mas também a própria posição do leitor, parece se inserir, numa primeira visada, no conflito entre os modos de produção e de expressão, entre as diferentes conjunturas econômico-sociais e a arte. Como se salientou, nos primórdios do último século, com a instauração das transformações econômico-sociais e o advento das vanguardas, foi tendência articular um expressar artístico que, além de ser autorreferencial e autocrítico, com o uso de técnicas e formas outras, distanciava-se de certos padrões de uma tradição estética e, também, do que ainda corporificaria um viés sublimador. Como consequência:

Assim como a pintura perdeu muitas de suas funções tradicionais para a fotografia, o romance as perdeu para a reportagem e para os meios da indústria cultural, sobretudo para o cinema. O romance precisaria se concentrar naquilo de que não é possível dar conta por meio do relato. Só que, em contraste com a pintura, a emancipação do romance em relação ao objeto foi limitada pela linguagem, já que essa ainda o constrange à ficção do relato: Joyce foi coerente ao vincular a rebelião do romance contra o realismo a uma revolta contra a linguagem discursiva.

Seria mesquinho rejeitar sua tentativa como uma excêntrica arbitrariedade individualista. O que se desintegrou foi a identidade da experiência, a vida articulada e em si mesma contínua, que só a postura do narrador permite. Basta perceber o quanto é impossível, para alguém que tenha participado da guerra, narrar essa experiência como antes uma pessoa costumava contar suas aventuras. A narrativa que se apresentasse como o narrador fosse capaz de dominar esse tipo de experiência seria recebida,

---

de) leitor, exemplifica a oscilação da aproximação ao distanciamento, do "prazer" à "fruição", indiciando que o conforto, o contentamento, a apreensão de sentidos seriam provisórios.

104 NILZE MARIA DE AZEREDO REGUERA

justamente, com impaciência e ceticismo. Noções como a de "sentar-se e ler um bom livro" são arcaicas. Isso não se deve meramente à falta de concentração dos leitores, mas sim à matéria comunicada e à sua forma. Pois contar algo significa ter algo especial a dizer, e justamente isso é impedido pelo mundo administrado, pela estandardização da mesmice. (Adorno, 2003, p.56)

Não obstante o diálogo passível de investigação entre as palavras de T. W. Adorno e as de W. Benjamin no que se refere à posição do narrador, à "pobreza de experiência", ao narrar, vê-se que o choque e o trauma advindos do estado de coisas vigente no último século implicaram um expressar artístico outro, como foi o narrar joyceano, por exemplo. Posteriormente, com as consequências da emergência de certos regimes, da Segunda Grande Guerra, da Guerra Fria, e da dominação exercida por uma produção massificada, o expressar artístico, de modo geral, passou a ser reconfigurado e problematizado, sendo nele incorporados, com maior ênfase ou clareza, elementos antes desconsiderados ou cuja importância era "menor".

Se isso, especialmente nas décadas de 1950 e 1960, já se fazia presente no sistema artístico-literário brasileiro, é com Hilda que ele ganha amplitude própria, encenadamente perturbadora: tanto a posição de Hilda-autora quanto o seu texto *exercitam* o expressar(-se) face às vicissitudes de uma época e às contingências do (seu) próprio escrever. É assim que o narrar parece ser "escancarado" por uma encenação verbal que, cotejada às suas atitudes e declarações, evidencia-o em sua paradoxalidade: narra-se, ainda que aparentemente não se tenha nada a dizer, que não se consiga dizer, que não se queira dizer, ou que se *finja* não querer dizer. Narra-se, ainda que o que se ofereça sejam "cacos", "ruínas". Narra-se, ainda que o silêncio seja maior do que tudo ou que as palavras não sejam passíveis de verbalizá-lo. Narra-se, ainda que seja "por vingança" em relação a um editor "cornudo" ou a um público massificado.

O incômodo disso resultante adveio do repertório utilizado e da maneira como foi empreendido. Por exemplo, na citação anteriormente transcrita de "Fluxo", em alguns trechos não se pode precisar se as

HILDA HILST E O SEU PENDULEAR **105**

palavras são de Ruiska, de outras personagens (os *outros* que se fazem presentes no escritório com ele, ou nele próprio), das personagens da história que ele escreve, de seu filho. Seria uma história para ninar Rukah ou para apresentar ao "cornudo"? Seria delírio? Essa ambivalência – que, num polo, enseja a abertura à ilimitada prolificidade – marcaria singularmente os primeiros movimentos de sua prosa e seria posta junto a outras estratégias ao longo de sua produção. Em "Fluxo":

> [...] Ruiska só cuida de si mesmo, o seu corpo é todo uma coisa que se enrola, o corpo de Ruiska é como um cipó sugando uma árvore que nem sei, o corpo de Ruiska é seco, estala, é seco-marrom, ai Ruiska sem aurora, afogado nas paredonas do escritório, subjugado pelos fantasmas de dentro, pobre Ruiska que foi meu, quer um cordão para se comunicar com o outro, quer uma corda esticada, ele numa ponta, o outro noutra, e cada vez mais perto, pobre filho-homem, seco, seco, buscando a palavra morta. Está velho sim, eu digo que está moço, está velho, uma fundura de olhos, um vazio de carnes, antes como ele era bom quando se deitava comigo, ele olhava grande e gosmento e dizia: Ruisis, o teu ventre é como uma papoula, papoula quente, depois me beijava: Ruisis, a tua boca é uma uva gorda, sugauva você é, suco vermelho bom, a tua boca e a tua língua são dois gemeozinhos que se entendem bem, a tua boca se abre e a tua língua se estende, língua porosa, redonda, rosada. [...] Enquanto expelia, cantava: te amo, amada, pele de anta esticada. E ria bom, ria lindo. O verso dele era uma espiga amarelo-serafim, amarelo-querubim, que verso. Quando ele acabava um poema, ele aparecia na sala, claro, sibilino: vê, vê se essa cinza de que falo não é a tua cinza, vê se esse corpo que eu declaro é o teu corpo, vê se as arestas desse todo são tuas, minhas e de todos. E o canto começava, e era uma coisa em fogo que escorria daquela boca, uma língua comprida esticando as palavras, um fechar-se controlado e grosso, um abrir-se de água. Depois gritava: cresci, Ruisis, cresci doendo dentro de mim, está escuro, tudo tão escuro, quero arrancar de mim essa coisa ávida, o que é Ruisis, essa coisa que se incha de avidez? Sou eu, Ruisis, que incho de avidez? (Hilst, 2003c, p.46-7)

O comentário de Ruisis acerca de Ruiska, que naquele momento se encontrava "afogado nas paredonas do escritório, subjugado pelos fantasmas de dentro", também é caracterizado por uma singular verbalização, que evidencia o processo de se *tatear* ou de *sentir* a língua, o vernáculo de seu texto. A lembrança da personagem reifica o contato entre eles e o ato sexual, que seria conduzido tanto pela língua "porosa, redonda, rosada" quanto pela língua-vernáculo.

Ao mesmo tempo em que há um desconforto lançado ao polo receptivo, há, contudo, ironia e humor, os quais, na oscilação, dão margem para que se instale um *ludismo*, relacionado a esse contato – "Enquanto expelia, cantava: te amo, amada, pele de anta esticada. E ria bom, ria lindo. O verso dele era uma espiga amarelo-serafim, amarelo-querubim, que verso". As referências ao "menininho", ao "filho de um tubo", às "primaveris manhãs do campo", ao "cornudo" podem também ser a encenação desse caráter lúdico que propiciaria a aproximação e o distanciamento em relação ao narrar e aos receptores – o "cornudo", os prováveis leitores de Ruiska, o público leitor de Hilst – colocando em foco, por consequência, o ato interpretativo, a leitura – o tatear do leitor com o texto.

Destaca-se, então, uma erudição que, por contrastar com a temática que aí já se deixava ver de modo "inflado", engenha esse ludismo, valendo-se da ironia, do humor, como a seguir:

> [...] Agora estou livre, livre dentro do meu escritório. É absurdo minha gente, estudei história, geografia, física, química, matemática, teologia, botânica, sim senhores, botânica, arqueologia, alquimia, minha paixão, teatro, é, teatro eu li muito, poesia, poesia eu até fiz poesia mas ninguém nunca lia, diziam coisas, meu Deus, da minha poesia, os críticos são uns cornudos também, enfim, acreditem se quiserem, não sei nada a respeito do. Respira um pouco, vai escrevendo que a coisa vem. Primeiro fica de pé. Abre os braços. Boceja. Olha através das vidraças. Olhei. Agora escreve... Espera, eu preciso sentar. Então senta. Agora escreve: meus guias protetores, os de cima e os de baixo, por favor entrem em harmonia. Abre depressa o armário e veste a batina preta com frisos vermelhos. Pronto. Agora escreve: dentro de mim, este que faz agora, dentro de mim o que já se fez, dentro de mim a multidão que se fará. [...] (ibidem, p.23)

HILDA HILST E O SEU PENDULEAR 107

As vozes em cena e o vocabulário escolhido acabam por salientar os elementos que envolvem o ato de escrever e, assim como em "Osmo", noções relativas ao que seria o "incognoscível" e à própria língua com que se trabalha, impulsionando, em certos momentos, o descompasso entre *o que se narra* e *como se narra*:

> [...] Olhe aqui, Ruiska, você não veio ao mundo para escrever cavalhadas, você está se esquecendo do incognoscível. O incognoscível? É, velho Ruiska, não se faça de besta. Levanto-me e encaro-o. Digo: olhe aqui, o incognoscível é incogitável, o incognoscível é incomensurável, o incognoscível é inconsumível, inconfessável. Ele me cospe no olho, depois diz: ninguém está te mandando escrever sobre o incognoscível, estou dizendo não se esqueça do incognoscível. Ah, está bem. Finjo que entendo. Ou entendo realmente que não devo esquecer do incognoscível? Encosto a cabeça no chão. Não porque tenha vontade, não, ele é que me obriga a encostar a cabeça no chão. Irriga tua cabeça velho Ruiska, suga a vitalidade da terra, torna-te terra, estende-te no chão agora, abre os braços, abre os dedos, faz com que tudo se movimente dentro de ti, torce as tuas vísceras, expele o teu excremento. Quem é você, Ruiska? Hein? Ele está começando a perder a paciência, está se aproximando, me esbofeteia, não faz mal, vai batendo, vai me arrancando os dentes, corta a minha língua, faz o que quiser, mas eu não sei responder. Quem é você, Ruiska? Hein? Está bem, está bem, sou um porco com vontade de ter asas. Quem é que te fez porco? O incognoscível. Agora sim ele perdeu a paciência, está quebrando o meu lápis, está escarrando em cima de minha mesa, ah que trabalhão para limpar tudo estou pensando, e estou pensando como é possível que esses que se fazem em mim, que se fizeram e que se farão, não compreendam a impossibilidade de responder coisas impossíveis. Ora vejam só, existo há apenas alguns minutos, essa ninharia de tempo, e é claro que não posso responder o que sou. Porque não sei. Até que eu gostaria de dizer, por exemplo: olha, meu amigo, é tão simples responder o que sou, sou eu. Ele ficaria muito contente, ele colocaria a grande cruz de rubi sobre o meu peito e ir-se-ia. A mesóclise é como uma cólica no meio do discurso: vem sempre. E não é só isso, a mesóclise vem e você fica parado diante dela, pensando nela, besta olhando pra ela. Leva muito tempo pra gente se recompor. É. Leva muito tempo. Agora, por exemplo, dormi durante duas horas depois de olhar para a mesóclise. E olhem que foi

108 NILZE MARIA DE AZEREDO REGUERA

> pouco, normalmente eu durmo durante dois dias depois de uma mesóclise. Durmo e quando acordo digo para Ruisis, pelo telefone interno: me corta o saco se eu usar outra vez a mesóclise. Ela tentou mas eu saí correndo, fui à casa do seu Nicolino que é ferreiro e sabe fazer tudo, e ele me arranjou umas placas bojudas de ferro, forradas de veludo preto, e fiquei a salvo. Ruisis leva tudo a peito. (ibidem, p.22-4)

Hilda vai aludindo ao "incognoscível", *tateando*-o, tentando decifrá-lo, em meio a vocábulos direcionados ao baixo, ao de dentro, à degradação, fomentando um mal-estar, uma perturbação ou uma violência que seriam cada vez mais recorrentes em sua produção, e um caráter autorreflexivo a respeito do contar e dos usos que da língua podem ser feitos. A isso se associa um olhar irônico que pode desestabilizar, inclusive, o desvelo em relação às questões apresentadas, e revelar a impotência que pode circundar a (tentativa de) verbalização do narrador-personagem – "me corta o saco se eu usar outra vez a mesóclise". Note-se o diálogo entre Ruisis e o "cornudo":

> [...] Mas a memória não me deixa mais amar, compreendes? Tudo termina e fica muito para memorizar. Será possível que nada te desmancha, será que não és capaz de te deitares comigo, sobre a colina? Calada. Vem, gazela fina de olhinhos cor maravilha, vem. Não, não quero subir mais, oh, pareces uma *Dinœa muscipula*, pareces uma Drosera. Para que te guardas? Para Ruiska? Queres saber o que ele é agora? O que Ruiska é para os teus olhos de desejo? Um pobre louco, ninguém mais entende o que ele escreve, tu achas que eu posso publicar um livro onde só está escrito AIURGUR? Pois escreveu mil páginas com AIURGUR. Deixa-me, tu não entendes, pois é uma linguagem cifrada de Ruiska, é exercício e cadência, e nos AS, nos IS, nos US, Ruiska põe vibrações, ele sabe o que faz, AIURGUR, é bonito, é bonito, convenhamos, a palavra é toda AI, toda UR, toda GUR. Se ficasses calada. (ibidem, p.48-9)

A intensificação desse fluxo narrativo acerca do "de dentro", do "incognoscível", é, nos desdobramentos do texto, contrastado pela autorreferência – vejam-se as maiúsculas, por exemplo, a "linguagem cifrada" de que se vale Ruiska. Esse procedimento metalinguístico enseja, por

HILDA HILST E O SEU PENDULEAR 109

sua vez, o deslocamento do mal-estar, do delírio, da perturbação ao polo receptivo, por meio de uma ironia ou um humor corrosivos diante do escrever e dos papeis do escritor e do leitor, como também de um tatear nesse/desse corpo-escritura – o "exercício de cadência" de Hilda Hilst. Isso pode adquirir configuração metafísica, com um questionamento ou esquadrinhamento acerca da linguagem e de seus sentidos, e da relação do humano com o divino. Por um lado, essa reflexão dialogaria com a tradição, isto é, com uma tendência que também se manifestara em nossa literatura, com nomes como Cornélio Pena, Tristão de Athayde, Lúcio Cardoso, com seus romances considerados "psicológicos" – em que se destacavam "as noções de pecado, culpa, espírito, carne, sobrenatural e religiosidade, bem como todo [um] universo fantasmagórico e mórbido que ali se expressava" (Rosenbaum, 2002, p.23).[11] Por outro lado, enfatizaria, mais uma vez, a oscilação que tomava forma na prosa hilstiana e que tinha a desestabilização como um de seus matizes.

Se, de acordo com um viés, o "existencialismo seria a expressão de uma experiência singular, individual, um pensamento motivado por uma situação muito particular" (Penha, 2004, p.13), o que em Hilda se manifesta aludiria a uma experiência fragmentada, visto que nem o ser humano nem a linguagem de que ele faz uso parecem ser passíveis de transmitirem essa singularidade. Assim, o que Ruiska expõe se revela, reiteradamente, como *tentativa-tatear*, singularmente apoiada num caráter *aporético*:[12] ao mesmo tempo em que lança luz sobre o caráter

---

11 Em meados dos anos 1960, sob uma redutora ou precipitada perspectiva de interpretação, essa tendência foi relacionada a nomes como Clarice Lispector, "com o seu romance introspectivo" (Milliet, 1982). Contudo, "[a]inda que Clarice também explore a intimidade, priorize a experiência interior e toque a esfera da metafísica, o mistério que emana de seus textos advém de uma sondagem milimétrica da alma e não de alguma transcendência mística, religiosa. Além disso – e de modo ainda mais importante –, seus recursos expressivos são muito mais radicais" (Rosenbaum, 2002, p.23-4). Radicalidade esta que, como se enfatiza, foi levada a extremos pela própria radicalidade do projeto hilstiano.

12 A noção de "aporia" é, de maneira geral, relativa à: "1. Dificuldade ou dúvida racional decorrente da impossibilidade objetiva de obter resposta ou conclusão para uma determinada indagação filosófica; 2. Situação insolúvel, sem saída"

110 NILZE MARIA DE AZEREDO REGUERA

falacioso do narrar, não deixa de (se) narrar; ou, em outras palavras, embora tudo pareça estar fragmentado, arruinado, ainda haveria *o que dizer* – mesmo que isso seja, ironicamente ou não, "em torno do uc".[13] Dessa maneira, o narrar que ecoa da(s) garganta(s) de Ruiska, de seus *outros*, das demais personagens, de Hilda Hilst-personagem espectral, reitera essa construção do texto, redimensionando, inclusive, o que se apresenta no próprio livro. O anão que então surge em "Fluxo", como um desdobramento discursivo-corporal do narrador--personagem – que afirma ser o anão ele mesmo, "mas do cone sombrio" (Hilst, 2003c, p.66) –, dinamiza essa fragmentação, permitindo que Ruiska prolixamente verbalize(-se), já que ainda não escrevera a história "em torno do uc" solicitada pelo seu editor:

> [...] Que excitante podia ser, pensei, me cagando de medo, e resmunguei: mais um, mais um aqui neste escritório, oh, já não bastam os que me visitam e me cospem na cara e falam do incognoscível? Já não basta? gritei olhando para a estrela anã. É duro, é duro ser constantemente invadido, nem com a porta de aço não adianta, eles se fazem, se materializam. Ora, ora, Ruiska, você abre uma claraboia, abre um poço, e não quer que ninguém apareça? Vamos, você vai gostar de mim, eu sou um anão. Alguma coisa a ver com estrelas anãs branquinhas e negras? Não, Ruiska, nada dis-

---

(Houaiss, 2009). No caso dos estudos literários, diz-se que é um mecanismo de construção que, ao engenhar tensões ao longo do processo de enunciação e da relação do texto com o contexto, impede qualquer ancoragem de sentidos, resultando, pois, na indecidibilidade.

13 Na escatologia hilstiana, "uc" poderia remeter tanto 'àquilo que se joga fora" – os excrementos ou "aquilo que é deixado de lado" (Gagnebin, 2006, p.54) – quanto a um trato com os parâmetros de censura do contexto ditatorial. Poderia, ainda, já suscitar a problemática que a assunção encenada – e não menos falaciosa – do estilo dito "pornográfico" ou "obsceno" traria à sua recepção e à sua imagética. Nas palavras de Hilst: "'Quelle epoque, mon Dieu', me disse o cara da Gallimard. 'Quase ninguém compra a Hilda Hilst. Todo mundo compra o Paulo Coelho'. Pois é, ninguém lê mais, nem os franceses. Disseram que *A [obscena] senhora D.* ficaria difícil demais em francês. Eu respondi que em copta também ficaria, em sânscrito... Eu mesma, quando escrevo 'cu', ninguém entende o meu 'cu'. O Anatol [Rosenfeld] me disse uma vez que o meu 'cu' era muito intelectual. E a Gallimard escreveu que eu transformava a pornografia em arte. Aí ninguém me leu mesmo" (Machado, 1998).

HILDA HILST E O SEU PENDULEAR **111**

so, apenas uma coincidência, não fique fazendo ilações, relações, libações. Hi, o anão é um letrado, meu Deus. Posso olhar para você? Claro, ele disse. HO HO HO GLU GLU GLU, eu não pude me conter, ele parece uma pera, não, um abacate, a cabeça eu quero dizer. De onde você vem, hein? Do intestino, da cloaca do universo, do cone sombrio da lua. E veio fazer o quê? Agora ele ri: gli, gli, gli. Espero. Tenho muita paciência com crianças, com anões, eu sempre tenho muita paciência antes de assá-los na grelha. Ruiska, espere um pouco, não te enfeza uma só pergunta antes de começarmos o nosso conluio. Ai, o anão fala como um literato, oh Senhor, será que ele é desses que escrevem bem? Desses que dizem que uma boa linguagem salva qualquer folhetim? Será desses? Estou perdido. (ibidem, p.34-5)

Se já se reiteravam vocábulos relacionados à veemência, ao grotesco, ao corpo, assim como um deslocamento de sentidos instigador do humor e da ironia, o contato de Ruiska com o anão, que por ser seu desdobramento é a personagem dele mais próxima, acentua essa fragmentação e, consequentemente, o abalo no polo receptivo, a problematização dos elementos envolvidos no circuito produção-recepção. Narra-se; mas *o que se narra* pode levar, num primeiro momento, ao mal-estar e à repulsa, ou evidenciar a não-pactuação com o leitor, o mercado ou o sistema. Narra-se ainda que, numa ambivalente catarse, tenha-se um desconcerto ou desconcertante riso. É desse prisma que podem ser interpretados trechos como a acentuada prolixidade de Ruiska acerca da língua portuguesa, do seu escrever, ou de suas ações – enquanto é revelada a sua aparente (ou simulada?) inépcia ou inação em escrever conforme as leis do seu editor, do mercado –, bem como a descrição que o anão faz de seu "enrabamento" por uma cobra e muitas de suas falas. Ou, ainda, fragmentos como este:

[...] Ruiska, escolhe o teu texto, aprimora-te. Hein? Do verbo aprimorar. Fala do poço. O poço é escuro a princípio. Depois vai clareando. À medida que você vai entrando, o poço vai clareando. Entrando. Clareando. Que grande porcaria outra vez. Vou mergulhar no poço. Sabem como entro no poço? Entro assim: as duas mãos se agarram nas paredes rugosas, esperem, comecei errado, é assim que entro no poço: primeiro, sento-me na borda, abro os braços, não, não, vou entrando, raspando os cotovelos nas bordas,

112 NILZE MARIA DE AZEREDO REGUERA

meu Deus, desse jeito é muito difícil de entrar, acho que devo entrar de outro jeito no poço. Devo realmente entrar no poço? Ou quero entrar no poço para justificar as coisas escuras que devo dizer? O que você quer dizer, velho Ruiska? Umas coisas da carne, uns azedumes, impudores, ai, uma vontade enorme de limpar o mundo. Quero limpar o mundo das gentes que me incomodam. Quem? Os velhos como eu, os loucos como eu. [...] Velho louco, Ruiska, diz aquele teu poema. Digo:

> Reses, ruídos vãos
> vertigem sobre as pastagens
> ai que dor, que dor tamanha
> de ter plumagens, de ser bifronte
> ai que reveses, que solidões
> ai minha garganta de antanho
> minha garganta de estanho
> garganta de barbatanas e humana
> ai que triste garganta agônica

Também não precisa chorar, anão, sim, compreendo, eu mesmo estou chorando, era bonito cantar, trovar, mas bem que diziam: tempo não é, senhores, de inocência, nem de ternuras vãs, nem de cantigas, diziam e eu não sabia que a coisa ia ser comigo, entendes? E o mundo parecia cheio de graça, era bom ir andando e pegar o leite na varanda, apesar de que pessoalmente nunca fui, mas eu sentia que devia ser bom, o leite, as rosquinhas, tudo isso tinha graça, Rukah também tinha certa graça, depois que tomava o leite se cagava, mas o tempo não está para graças, para garças também não está, viste lá em cima que essa coisa de ter plumagens não é bom, asas então nem se fala, plumagens todo mundo te olha diferente, ter plumagens é salvar de repente um cachorro da carrocinha, entendes? [...] Ai, o mundo. Ai, eu. Olha aqui, Ruiska, não fale tanto em si mesmo agora, porque o certo no nosso tempo é abolir o eu, entendes? Como é que é, anão? Fale do homem cósmico, dos, das. Mas se eu ainda não sei das minhas vísceras, se ainda não sei dos mistérios do meu próprio tubo, como é que vou falar dos ares de lá? (ibiddem, p.39-41)

Nessa ambivalente catarse, esse humor aludiria menos a uma aproximação "pacífica" ou pactuante com o que é apresentado ou

HILDA HILST E O SEU PENDULEAR 113

com o leitor que a um tensionamento engendrado na/pela relação fábula-fabulação, que acabaria por ensejar, além da ironia, a diferença e a criticalidade, prismadas pelo olhar daquele que na cena enuncia (não somente o narrador-personagem, mas um autor textual, um desdobramento de Hilst).

O ritmo, a coexistência de registros discursivos, de gêneros e de vozes, e a função fática que singularmente entremeia *Fluxo-floema* – "entendes?", "compreendes?" – aliam-se a citações que vão se instalando no entremeio biográfico-ficcional – por exemplo, "velho" e "louco" poderiam, nesse jogo de imagens, remeter à relação de Hilst com o seu pai ou ao que afirmava em depoimentos diversos acerca de si mesma –, dando forma a um expressar(-se) alegórico, que apontaria a obra em questão, a sua feitura e as forças que nela e no contexto agiam – uma época em que não se está para "plumagens", "asas", "trovar", "garças" ou "graças".

Esse desdobramento reiterado se relacionaria ao paradigma da veemência, sendo esse procedimento impulsionado, também, pela atuação desses sujeitos-narradores e por outros recursos além dos citados, que imprimiriam uma forma de contato – maiúsculas, outras línguas passíveis de reconhecimento ou não, certos substantivos ou os nomes das personagens. Estes parecem ser até "hieróglifos", uma "linguagem cifrada", por denunciarem nessa híbrida estranheza o caráter autorreferencial e paródico do que é dado. É o caso deste fragmento, uma fala do anão:

[...] Quero lhes contar do meu ser a três mas é tão difícil, goi, goi, é ser de um jeito inteiriço, cheio de realeza, é ser casto e despudorado, é um ser que vocês só conheceriam num vir a ser, é como explicar à crisálida que ela é casulo agora e depois alvorada, é como explicar o vir a ser de um ser que só se sabe no AGORA, ai como explicar o DEPOIS de um ser que só se sabe no instante? Goi goi estão vendo que esforço faz minha linguinha para dizer dos mistérios do depois? E ainda assim com esse esforço, a veia engrossando no pescoço, a língua se enrolando líquida, mesmo assim vocês estão dizendo ui ui, que tipo embobinado, que caldeirão de guisado, que merdafestança de linguagem. Então. Jesus não aparece, nem

114 NILZE MARIA DE AZEREDO REGUERA

Azazel, nem alguma asa cor de gerânio e olhinhos cor de terra, de cornos doirados, a carne, ai o sonho, asa bicéfala sobre os ombros, ai entrei no reino escamoso da memória, dentro de mim os vossos sopros, a algidez da hora, se eu me faço em dois, se eu me parto agora, o que fica de mim é um ou é dois? Fica um resto de mim em ti? Ou ficas em mim? Ou ficamos os dois sobre uma laje rosa adornada de plumas e serafins? Como me preferes? Eu grandalhão, menino assoberdado, gordo de culhões, ou eu menina miosótis, bracinho e púbis glabro? [...] Tomas as minhas mãos ainda quentes, galopa no meu dorso, tu que me lês, galopa, não é sempre que vais ver alguém que é um, feito de três, assim à tua frente, não é sempre que vais ver alguém contando trifling things com tanta maestria e maior gozo, trifling things pensas tu porque vê Ruiskas todo de folhas friskas, porque vê Ruisis assim, ísis, infinitas arestas, porque vês a mim como adãoeva, dúplice sim, tríplice sim, multifário, multífido, multífluo, multiscente, multívio, multíssono, ai sim, multíssono, goi, goi chin chin roseiral-mirim [...]. (Hilst, 2003c, p.51-2)

As maiúsculas que referenciam a encenação verbal parecem também dialogar com uma das utopias do projeto moderno – que tem como motrizes a linearidade do tempo histórico e a projeção utópica em direção a um futuro transformador –, problematizando-a. Reiteram-se no "AGORA", "no instante", a simultaneidade, a "merdafestança da linguagem" e o "esforço que essa linguinha faz" potencializa as possibilidades de usos e de significação que nela se engenham, ao mesmo tempo em que lhe conotam um caráter falacioso, visto que não há projeção utópica. Esse "esforço" vai exercitando, assim, a expansão e a retenção, a prolificidade e o silenciamento, a sanidade e a loucura, a vida e a morte. Nesse percurso movediço, a multiplicidade vai se intensificando, de modo que, assim como parecem ecoar vários de uma mesma "garganta agônica", parece haver línguas dentro da língua, num desdobramento lúdico e extremado ou, de certa maneira, vertiginoso ou violento, que pode desorientar a sua recepção.

Hilst não teria, então, tomado a veemência ou a violência meramente como um tema em seus textos, alegoricamente (re)encenado por meio de imagens presentes em sua produção, como, por exemplo, a do ser alado que se vê impedido de voar – como se nota na fala do

HILDA HILST E O SEU PENDULEAR **115**

anão: "eu só excrescências, ai que dor existir pterocarpo, fruto voador salivando na boca do opressor, ai que dor existir polpudo e alado [...]" (ibidem, p.54) – ou, como na passeata de que participam Ruiska e o anão, a imagem do opressor que persegue os "revoltosos", ou, ainda, o escritor que não consegue escrever "com dignidade" o que deseja. Hilda, acima de tudo, teria abarcado-as num dos fluxos de seus textos, amalgamando *o que* e *como* em sua *adequação não-adequada*, escrevendo não somente como se faria na esteira da tradição metafísico--existencialista, ou da tradição de Rosa e, em especial, de Lispector, ou daquela outra via que se destacara na década de 1970, mas, sobretudo, no próprio veio que vinha cultivando desde a década de 1950.

O arrebatamento, o excesso, a arbitrariedade impulsionam a relação entre fábula e fabulação, tendo-se desdobramentos variados, modulados por uma tensão polifônica; um anedotário relacionado ao paradigma do arruinamento, do corpo, da sexualidade, da (in)compreensão e do delírio; e um deslocamento promovido pelo insólito e pelo humor. Assim como em outros textos de *Fluxo-floema*, a fábula se resume a poucos fatos – à divagação de Ruiska com algumas personagens, especialmente com o anão, que parece ser seu "conselheiro" ou uma espécie de "tutor", a respeito do escrever de acordo com o pedido de seu editor ou de acordo com os seus próprios interesses. Se nos textos anteriormente observados esse questionamento em torno do escrever fora suscitado, em "Fluxo", na oscilação em direção à exacerbação, a ele vão se associando elementos que num "ensaio" encenam as (im)possibilidades ou a "merdafestança" da linguagem, e a sua "matéria deletéria", configurando a perquirição acerca do divino a partir de uma ritualização de Ruiska em relação a si, ao seu ofício e ao lócus em que se instala – o entrelugar entre o poço e a claraboia, o recolhimento e o convívio social:

> [...] Ai, anão, tenho que escrever o que o homem propõe, ai não sei, aiaiaiai. Pensemos. Começa a descrever a coisa como se a coisa fosse uma flauta. Vários sons? Sim, Ruiska, distorce o tubo, cria uma teoria. Sei, sei, anão podes ditar, não sei. Comecemos então: tubo sonoro, tubo sibilino, raro. Raro? Bem, Ruiska, então é melhor assim: tudo abissal, em muitos pequenino, noutros canal. Vamos, vamos, anão. Tubo sagrado. Hein?

116 NILZE MARIA DE AZEREDO REGUERA

Porque expele a tua matéria deletéria. Ah, sim. Tubo espectral. Por quê? Escuro, Ruiska, escuro. Evidente, anão. Ó tubo, ó tubinho, ó tubão. Não sei mais o que dizer mas pensa, Ruiska, se pensasses num tratado de escatologia comparada? Não. E se. Eis-me aqui. Falaste, anão? Não. Não ouviste? Não. Presta atenção. Eram três tartaruguinhas de carapaça luzidia, as patinhas plúmbeas, as cabeças oblongas. Que palavras são essas, anão? Ouviste afinal? Sim, Ruiska, são alvíssaras? Presta atenção. Faze-te ao largo. Em arco. Dobra-te. Estende. Solta. Lança a que perfura e mata. Arranca do dorso agora a seta. Asceta. Acerta a direção da seta. Lança. Meu Deus, quem é essa que assim fala? Ruiska, meu nome é Palavrarara. Palavrarara! Recebe, anão, Palavrarara. Sentai-vos, senhora, reclinai-vos. O poder de dizer sem ninguém entender. Compreendo muito bem, senhora. O poder de calar. A oferenda. O altar. Quereis uma almofada, de peito de pomba forrada? Aqui está. Vosso desejo satisfeito. Ruiska, fagueira estou. Aroeira. Cala-te, anão, não rimes, e não te coces agora. (Hilst, 2003c, p.54-5)

Os exercícios das personagens com a língua, em torno dela – que assim como o corpo pode ser "tubo sagrado", "tubo espectral" – e o "tratado de escatologia" – que retoma a fala dos juízes em *Auto da barca do Camiri* – articulam tanto um acirramento da problematização que foi sendo delineada desde as primeiras palavras de Ruiska, quanto a presentificação de passado e de futuro – com este já trazendo à cena discursiva núcleos tensivos de outros textos, como *Cartas de um sedutor* (1991), por exemplo. O tempo linear se rompe e na simultaneidade tem-se a repetição e a diferença, o mesmo e o outro. Ainda que seja possível uma leitura diacrônica dos textos de Hilst, eles se destacam em sua coexistência como uma grande obra, um longo e ambivalente texto, instalado num entrecruzamento de paradigmas.[14]

---

14 Inevitavelmente, as palavras de R. Barthes (1998, p.72-3), ao diferenciar, em seu jogo argumentativo, "obra" e "texto", são aqui evocadas: "O Texto não deve ser entendido como um objeto computável. [...] A diferença é a seguinte: a obra é um fragmento de substância, ocupa alguma porção do espaço dos livros (por exemplo, numa biblioteca). Já o Texto é um campo metodológico [...]. [Ele] não para na (boa) literatura: não pode ser abrangido numa hierarquia, nem mesmo numa simples divisão de gêneros [...] Se [...] suscita problemas de classificação

HILDA HILST E O SEU PENDULEAR 117

Nesse dinamismo, há uma ostentação vocabular, ou um linguajar inflado, que, na encenação verbal, exercitaria estratégias de aproximação e de distanciamento de Hilst e de suas *personae* em relação ao mercado e ao polo receptivo, como também retomaria de modo cada vez mais contundente o questionamento acerca do papel do criador. É assim que o diálogo de Ruiska com Palavrarara, mais uma personagem--desdobramento, dinamizaria essa rede de ramificações:

[...] Como dizeis, Ruiska? Que tenho andado, senhora, de muleta, que estou muito cansado. Um cajado é o que necessitais, esses acastoados, de ouro, de calcedônia, de diamante, de jade, de celidônia. Sou muito pobre, senhora. Foste poeta um dia, não? Sim senhora. Amavas Catulo? E outros lubricosos, outros erotômanos? A quem dirigia quando versejavas? A ninguém. Dissesse a quém? A ninguém, senhora. Dissesse além? A ninguém. Ah, sim, a alguém, dissesse bem. Ruiska, eu Palavrarara "trouxe uma guirlanda de ouro com u as pedras preciosas, que ham virtude de confortar, contam algu s. Enton veerás que todas as cousas de que os home s em a vilhice ham temor, é vento mui pequeno, que o abala como canavea leve". Meu Deus, anão, estou muito por fora. [...] Evidente, senhora, já vi que vossas influências são de antanho, talvez Petrarca, talvez "Boosco Deleitoso"? E a respeito do, sabes alguma coisa, Palavrarara, para que eu satisfaça o editor e possa comer e dar algum pirulito para o anão roer? Vê como eu estou puído. "És sempre de mi tam afastado, obraste em muitos pecados, e em muita malícia e priguiça de bem-fazer, misquinho, beveste maldades assi como água, a vida solitária nom é pera os sandeus nem pera aqueles que som mudadiços pelas maas paixões que ham em si, adeus." Volta, Palavrarara, volta! [...] Sossega, Ruiska, lá és homem para conviver mais tempo com fêmea de palavra gorda e traseiro rubicundo?

(aliás, é uma de suas funções "sociais"), é que sempre implica certa experiência do limite. [...] o Texto é sempre paradoxal". Embora possamos considerar em relação ao texto hilstiano o que o estudioso francês defendeu a respeito de "Texto", em nossa argumentação, ao utilizarmos palavras como "obra" ou "produção", não estamos, necessariamente, em concordância com a outra noção. Ao afirmarmos que a produção hilstiana seria "uma grande obra, um longo e ambivalente texto", destacamos, sobretudo, a "impossibilidade de viver fora do texto infinito" (Barthes, 1999, p.49), ou seja, a diferença que, paradoxalmente, presentifica-se ao longo da produção hilstiana e que remete a uma relação tensa e sedutora com o contexto.

118 NILZE MARIA DE AZEREDO REGUERA

Era rubicundo, anão? Pois era. Rubincudo... é bonito, anão. Ruiska, será que és um bilro, bilontra, desejando bimbalhar nessa biltra? Anão, vou sair por aí Palavrarara me deixou sem fala. Vou pegar minhas asas [...] (Hilst, 2003c, p.56-7)

A fala de Palavrarara – "rara" e "arara", inovadora e copista/ prolixa –, assim como os "hieróglifos" presentes na prosa da autora, reiteram o tatear metalinguístico, dado por vocábulos relacionados ao corpo ou pertencentes a uma língua ancestral, "estranha" para os nossos padrões, e de uma referência ao que se passava ou a modos de se escrever ou narrar – Catulo, por exemplo, foi declaradamente referência para Hilda em seu modular lírico. Não obstante, parece haver um caráter insólito, propiciado por elementos grotescos ou pelo linguajar das personagens, em especial do anão, e um ludismo, também presente em outros textos, advindo da simulação do estilo de Palavrarara e do modo pelo qual Ruiska e o anão reagem face ao que é apresentado – recurso que dinamiza a relação entre *o que narrar* e *como narrar*: Ruiska vai voar pois ficara "sem palavras" e o anão o acompanha pelo subsolo. É nessa saída que encontram outras personagens e que, na passeata, são agredidos:

[...] goi goi chin chin roseiral-mirim laranjeiras correria vida goiabada em lata memória memória memória morrer fica saliva gosma gosma esticando sempre teia teia de aranha centro umbigo AAAAAAIIAAAIAAI. Agora fica quieto, há uma passeata, não vês? São os príncipes do mundo, a juventude, os que vão fazer. O quê? Vão acabar com os discursos do medo, o homem vai nascer outra vez, e tu, olha, deves te preparar para esse fim-começo, esconde as tuas mãos, são mãos de escriba, escondo a minha voltada para cima, o homem é de carne e de sangue, ossos também, e só, entendes? Eles vêm vindo. Não digas que. Não dá mais tempo. E VOCÊS DOIS QUEM SÃO? Responde corretinho, Ruiska. Sabem, eu escrevia, e esse aqui sou eu mesmo mas do cone sombrio. PARA AÍ. Um escritor, senhores, muito bem, o que escreves? Escrevia, sabem, sobre essa angústia de dentro. PARA AÍ. Senhores, eis aqui um nada, um merda neste tempo de luta, enquanto nos despimos, enquanto caminhamos nas ruas carregando no peito um grito enorme, enquanto nos matam, sim porque nos matam a cada dia, um

HILDA HILST E O SEU PENDULEAR **119**

merda escreve sobre o que angustia, e é por causa desses merdas, desses subjetivos do baralho, desses que lutam pela própria tripa, essa tripa de vidro delicada, que nós estamos aqui, mas chega, chega, morte à palavra desses anêmicos do século, esses enrolados que se dizem com Deus, Deus é esse ferro frio agora na tua mão, quente no peito do teu inimigo [...] Deus é tu mesmo, homem, tu é que vais dispor do outro que te engole, e quem é que te engole, homem? Todos que não estão do teu lado te engolem, todos esses que se omitem, esses escribas rosados, verdolengos, esses merdas dessa angústia de dentro. (ibidem, p.65-66)

A ambivalência que permeia o processo de enunciação permite que à referenciação alegórica – que seria aparentemente condizente com o que se fazia e o que era esperado por grande parte do mercado – agreguem-se o exercício de estilo, a polifonia e o desdobramento narrativo, permitindo que se (des)enrole uma indagação a respeito do escrever, da condição humana e do divino:

[...] Descansa, molha os pés, tens um olho de sangue, que mania também de dizer tudo, para com isso, já não escreves há séculos, morde a mão e cala, isso de palavras acabou-se. Não posso mais dizer, anão? Não como dizes, deves falar do outro, mas não do jeito que falas, fala claro, fala assim: apresentar armas, e todos te entenderão, escarra três vezes sobre os teus mitos, enche a boca de sangue e todos te entenderão, enfia a faca no peito dos eleitos e todos te entenderão, usa o estrôncio noventa, fala cem vezes merda, e principalmente degola a tua cabeça, fecha o punho assim, assim Ruiska, não sabes nem fechar o punho, também que merda, assim não. [...] Ruiska, o que queres dos homens? Que te cocem a cabeça? Façam blu blu no teu pintinho? Conta de um jeito claro o que pretendes, as palavras existem para... para, bem, para. Parabéns anão, elucidaste, as palavras, enfim, as palavras... oh, pervinca, oh begônia, sabes da begônia? Sabes dos mistérios da begônia? (ibidem, p.67-8)

O escriba, uma personagem a que parece não restar um lugar ou cuja função é observada de diferentes perspectivas, vai transitando pelos textos de Hilst como uma personagem-espectral, que alude à tradição, e que, em "Floema", como narrador-personagem aponta

120 NILZE MARIA DE AZEREDO REGUERA

os seus "mitos", ou seja, aquilo que encenaria ritualisticamente o escrever-narrar. Como será discutido, o tatear – que pode ser, conforme Osmo, de uma "língua de bosta" – implicaria o toque sedutor, o questionamento e a busca acerca de Deus e da verbalização que, mesmo necessária, frustrava:

> [...] Ruiska, o que é que procuras? Deus? E tu pensas que Ele se fará aqui, na tua página? No teu caminhar de louco? No silêncio da tua vaidade? Sim, no teu caminhar de louco, em ti todo fragmentado, abjeto. Ele se fará na vontade que tens de quebrar o equilíbrio, de te estilhaçares. Ele se fará no riso dos outros, nesses que sorriem apiedados quanto te descobrem [...] enquanto isso todos conversam, amam, tu és um boi, Ruiska, um boi aberto, esburacado, tu és um porco, Ruiska, e te imaginas homem, pedes todos os dias que te deem as mãos, suplicas, procuras o Deus, Ele está aí mesmo no teu sangue, na tua natureza de porco, nesse chão escuro por onde escorrem os teus humores, no teu olho revirado, ai, acalma-te, preserva-te, estás em emoção, te pensas magnífico dizendo as tuas verdades, mas continuas breu para o teu próximo, e todo o teu caminho terá um só destino, a morte, ela sim é grandiloquente, ela é rainha, ela chega a qualquer hora, oh, não te exaltes, recebe-a, tens mais ossos que carnes? (ibidem, p.70-1)

A dificuldade de interpretação que pode advir de textos como "Fluxo" é condizente com o modo pelo qual a autora entremeou seus textos, utilizando-se, inclusive, de uma projeção de (tipos de) leitores. Resultam, assim, leituras distintas de um mesmo texto, as quais tenderiam à tradição, por focalizarem-no sob o prisma da repulsa ou do mau gosto, não o inserindo plenamente em nenhumas das tendências que mais se destacavam, ou à problematização da mesma, inserindo-o no singular expressar(-se) que Hilst vinha cultivando – de prazer e de dor.

A perturbação e o deslocamento advindos desse modo de escrever passam a ser focalizados não apenas como procedimentos significativos, mas como aquilo que ecoa da "triste garganta agônica", da "merdafestança" de narradores-personagens que ora se mostram ineptos em relação ao dizer, ora não querem ou fingem não o fazer, paradoxalmente postergando-o. No caso de "Fluxo", o desfecho, assim como

HILDA HILST E O SEU PENDULEAR **121**

acontecera em "Osmo" e em "Lázaro", acentua o caráter falacioso do que se apresentou por meio do insólito e irônico diálogo entre Ruiska e o anão, e pelo fato de que Ruiska não conseguiu escrever a história encomendada por seu editor, estando, por isso, "frito":

> [...] Escuta, anão, estou pensando. Em quê? Na coexistência, nesse ser dos outros. Vai falando. Me ouves? Claro, mas vou fritando esses peixes, nem imagina como foi duro pescar este aqui, todo prateado [...] hein Ruiska, mas falavas, anda, te escuto. Que é difícil. Ah, muito. Queres o peixe na manteiga ou no mijo? Vai fritando. Falavas. Sim, que é difícil. É. É muito difícil. Mais difícil sem pão. Eu digo a vida. Ah, também muito difícil. Mais difícil sem a ideia. Podes viver sem a ideia? Não. E sem o peixe? Vive-se, mas fala baixo senão te engolem. Há gente por perto? Eh, nunca se sabe, o outro dia, lá na parte de baixo, eu peidava e ria quando apareceu um sapo gargarejando: anão, vai peidar pra lá, aqui é baixo mas não é cu de sapo. Dei-lhe uma rasteira. No sapo? Sim. Difícil, não? Tudo é difícil, Ruiska, dificílimo, arrota pra ver se não é duro, vê, não conseguiste, peida, vê, não podes, coça o meio das costas, vê, não consegues, anda de lado e sentado, vê, é dificílimo, acalma-te, como o peixe, agora sim está frito, estás frito também, pois coexistes. (ibidem, p.71-2)

Reitera-se, assim, uma condição paradoxal: ainda que não se consiga narrar ou não se queira narrar, narra-se. Compreender a recepção de Hilda pela academia ou pelo grande público é, pois, compreender em que medida a *veemente, perturbadora ou irônica frustração* – do viver em sociedade, do produzir, do vender, do ler, sobretudo do narrar-escrever – e o *narrar como (im)possibilidade* foram se fazendo presentes em sua produção como indícios de uma consciência-visão em relação ao que a modernidade e o sistema artístico-literário oferecerem. Dessa perspectiva, até mesmo a sua tão comentada tetralogia "erótico-pornográfica", que não se enquadra perfeitamente no filão a que se propõe, teria interessantemente essa frustração em seu bojo, e, na insistência em certos procedimentos e no esvaziamento de imagens, jogaria com a textualidade ou corporeidade, com o texto enquanto um encenado exercício de estilo, também marcado pela hibridez, dada pela coexistência de registros discursivos e de gêneros literários. A frustração,

122 NILZE MARIA DE AZEREDO REGUERA

associada ao não-enquadramento de personagens, situações e gêneros, ao humor ou à ironia que deslocam o que é apresentado, não deixa de corroer, inclusive, o próprio narrar-escrever hilstiano. Essa condição, que se reverbera em distintas instâncias, corporifica, assim, a espectralidade em Hilst, na medida em que (núcleos de) textos "vindouros" se fariam presentes, fomentando o circuito paródico da sua produção. Nesse sentido, *Fluxo-floema*, em diálogo com os modulares lírico e dramático, na semeada de núcleos-fragmentos, propiciaria o singular florescimento ou crescimento dessa rede de ramificações, a qual apontaria tanto o que já tinha sido semeado ou lançado quanto o devir, sem, contudo, qualquer perspectiva utópica ou conciliadora, estando-se, inevitavelmente, "frito". É dessa maneira que textos como *A obscena senhora D.* (1982, 2001), com o "derruído expressar(-se)" da narradora-personagem Hillé, ou *Qadós* (1973)/ *Kadosh* (2002d), com seu questionamento híbrido e paradoxal acerca do homem e de Deus, bem como os discursos "pequenos" e o "grande" exercitados em *Ficções* (1977) deixar-se-iam ver como abrolhos dessa (agônica) florada.

Esses movimentos evocatórios de textos outros, que abolem o tempo linear e concomitantemente remetem ao passado, ao presente e ao futuro, dinamizariam a ambivalência marcante de sua produção e, junto à hibridez e ao questionamento acerca do "humano" e do "divino", promoveriam ressonâncias outras, como se verá. A ambivalência engendra, ainda, outro movimento na escritura da autora, condizente com a oscilação nela/por ela empreendida: a resistência. Indiretamente evocada pela "dialética fatal", ela parece se instalar não somente na relação entre enunciado e enunciação ou entre o que a autora diz fazer e o que, de fato, faz, mas também na tentativa do leitor em se aproximar do texto. É o caso da ordem ou disposição dos textos: lidos em sequência, alegorizariam um pendulear próprio, de maneira que "Lázaro", o "mais decodificável", encenaria, ainda que provisoriamente, o ponto de maior proximidade com o leitor, ou com um tipo de leitor. Esse movimento poderia, pois, trair-se: essa proximidade mostrar-se-ia, também, ilusória, visto que se têm a loucura, o não-saber, a incompreensão, o silêncio e a morte.

HILDA HILST E O SEU PENDULEAR 123

De "Fluxo" a "Floema", este texto, o último do livro, instala-se no polo de radicalização, retomando esses signos e encenando uma intensificada problematização, que seria dupla: de Koyo, em relação às outras personagens, em especial a Haydum, desdobramento de si ou uma espécie de alteridade-mor/divindade; e do próprio texto em relação à apreensão dos fatos por parte do público leitor. Note-se o exemplo a seguir, fragmento de um dramatizado diálogo entre as personagens, no qual o questionamento em relação ao ser, à existência, ao divino parece ressaltar a pergunta que se lança ao polo receptivo – "aguentarás?":

[...] Talvez te agrades do meu pensamento. Mas até quando? Se a cada instante uma fibra viva te percorre, não te cansas? Se eu resolver que a minha vida é pergunta e palavra, se eu resolver dizer e perguntar até o sempre, para que a vida faça a própria casa em mim, se eu resolver falar desmedido para todo o sempre, aguentarás, Haydum? Estou fechado, mas cresço. E ficarei mais complexo crescendo? Se me avolumo, o que é preciso entender chegará ao meu centro? E se me faço mínimo? O melhor se difunde? Com mais facilidade? De qualquer forma atingirei meu próprio centro, sabes, posso roer, não como roem os ratos, mas aprendo, posso espichar tentáculos, não, não os tenho, mas podem ser desenhados, e em cada extremidade dos desenhos posso colocar uma boca e tudo interligado, tudo tenso. Estimula-me Haydum, por etapas. Estímulo adequado, e começarei meu próprio repasto. (Hilst, 2003c, p.239)

Os procedimentos empregados por Hilst nesse conjunto de textos engenham movimentos de oscilação e de alegorização – do texto em relação ao contexto, do texto em relação a seus prováveis leitores (ou a certos leitores), do texto em relação a si mesmo –, de forma que se tenham referências atemporais e espectrais, dada a coexistência da tradição e de sua desestabilização, de passado, presente e futuro, e de mesmo e outro. Esses procedimentos, todavia, aludiriam menos a uma homogeneização ou uma essencialização de seu expressar(-se) do que a (irônicos, espinhosos e paradoxais) núcleos-abrolhos que foram por Hilst semeados, cultivados e reatualizados ao longo de décadas, reiterando a diferença e alegorizando o próprio pendulear.

3
ENTRE O INUMANO, O HUMANO E O DIVINO, O TRÂNSITO

> Cadernos: Sua obra, no fundo, então pro-
> -cura...
> Hilda Hilst: Deus.
>
> (Cadernos..., 1999, p.37)

A declaração de Hilst transcrita nesta epígrafe remete a uma questão que lhe é fundamental, suscitada nos capítulos anteriores, e que no movimento de sua escritura adensa os procedimentos até aqui comentados: o questionamento da relação entre o humano e o divino, e, por consequência, do lugar que caberia a cada um. No pendular poético, por vezes se associa à radicalização uma indagação embasada por elementos existenciais e metafísicos, pela qual o eu-lírico ou a personagem procuram *encarar* Deus e, como enfatiza a autora, as suas faces. Embora o existencialismo e a metafísica operem problematizações específicas na tradição filosófica ocidental, como bem-demonstradas por J.-P. Sartre (1997) e M. Heidegger (1989), aqui são considerados a fim de se ressaltar o questionamento do homem acerca de si mesmo e o desenrolar da relação que ele estabelece com Deus, bem como os desdobramentos da mesma. Assim, por um lado, observam-se em que medida a liberdade e a responsabilidade do ser humano tipificariam a sua existência e, por outro, de que maneira a transcendência e o conhe-

126 NILZE MARIA DE AZEREDO REGUERA

cimento a respeito de Deus, do divino, contribuiriam, no caso de Hilst, para a problematização da subjetividade e para a construção de um tipo de discurso ou de escritura. Presente desde o modular lírico – como enseja, por exemplo, o seu "Exercício n.1" (Hilst, 2002c, p.29), de 1967 – essa "ideia que não repousa" seria, pois, retomada ao longo de sua produção, acentuando o paradoxo e a defectibilidade que daí resultam. Como núcleo temático-discursivo, já germinava em seus primeiros textos, como no "Passeio", da *Trajetória poética do ser I* (1963-1966):

7

O Deus de que vos falo
Não é um Deus de afagos.
É mudo. Está só. E sabe
Da grandeza do homem
(Da vileza também)
E no tempo contempla
O ser que assim se fez.

É difícil ser Deus.
As coisas O comovem.
Mas não da comoção
Que vos é familiar:
Essa que vos inunda os olhos
Quando o canto da infância
Se refaz.

A comoção divina
Não tem nome.
O nascimento, a morte
O martírio do herói
Vossas crianças claras
Sob a laje,
Vossas mães
No vazio das horas.

E podereis amá-Lo
Se eu vos disser serena

HILDA HILST E O SEU PENDULEAR 127

Sem cuidados,
Que a comoção divina
Contemplando se faz? (Hilst, 2002c, p.51-2)

Nessa ponderação inicial, mesmo se aludindo a um Deus "solitário", que "não afaga", certa contemplação ainda parece pairar sob Ele ou dEle emanar. Pautada pela (a)temporalidade, ela suscita o olhar do homem acerca de seu próprio lugar no mundo e na história. O "nascimento", a "morte" e o "martírio do herói" resultam, então, não somente do arbítrio humano mas também da "comoção divina" – o que acentua o desnível da relação de ambos, estando o divino, aparentemente, num patamar superior ao do homem.

Na trajetória do ser hilstiano, a essa contemplação seriam, pouco a pouco, adensadas indagações que culminariam na tentativa de se nomeá-Lo e no deslocamento do divino a uma posição radical e/ou ambiguamente disfórica, de modo que o desnível passasse a se enredar doutra perspectiva.[1] Se isso se destacou em textos posteriores, como nos *Poemas malditos, gozosos e devotos*, de 1984, em que Deus é designado como um "sedutor nato" (Hilst, 2005b, p.17) ou um "Executor" (ibidem, p.23), e em *A obscena senhora D.* (1982), em que Ele é ambiguamente nomeado, entre outras expressões, como "Menino Louco", "Porco-Menino construtor do Mundo" (Hilst, 2001, p.20)[2],

---

1 Poderíamos até pensar numa estruturação *quiasmática*, destacando-se tanto um "cruzamento em forma de X" quanto uma "estrutura em forma de cruz" (Houaiss, 2009). Contudo, o uso da primeira acepção deve ressaltar menos uma simples ou redutora inversão entre o humano e o divino do que apontar o fluxo de significação da/na escritura hilstiana, que rompe com o estancamento de sentidos. À segunda acepção, como veremos, pode se relacionar o expressar(-se) alegórico que, reconfigurado ambiguamente, permitiria o deslocamento entre o inumano, o humano e o divino – ou, como em "Osmo", entre a repressão, a inépcia e o humor –, acentuando a mobilidade desta relação e do próprio texto.

2 *Qadós/Kadosh* radicaliza essa nomeação e o discurso antes arquitetados: "Divino", "O GRANDE OBSCURO", "O GRANDE OBSCURO GORDO DE PODER", "Sacrossanto", "Excelência", "Cão de Pedra", "Máscara do Nojo", "Grande Caracol", "o Sem Nome, o Mudo Sempre, o Tríplice Acrobata" (Hilst, 2002d, p.35-55). Em *A obscena senhora D.* tem-se também essa estratégia, como ressaltado por V. Queiroz (2000, p.51), que é acentuada pela condição de derrelição da qual a

128 NILZE MARIA DE AZEREDO REGUERA

em *Fluxo-floema* esse questionamento não deixa de ser pulsante. Se, por um lado, toda uma gama de vocábulos deixa ver a tentativa do sujeito em se aproximar de Deus, nomeando-O, e de Ele obter alguma resposta, por outro, revela o exercitar poético ou certa ostentação verbal dos narradores-personagens, de Hilst ou de suas *personae*, bem como as estratégias de que foram se valendo – o que caracteriza uma perquirição. Ter-se-ia, portanto, um *enfrentamento* – ou uma *encaração* – desses sujeitos, que, ao suscitarem a nomeação, acabam por imprimir um tatear da língua, por meio dela mesma, reiterando a sua busca por Ele e iluminando a sua condição na sociedade.

Contudo, como se ressaltou, essa (tentativa de) aproximação não se dá de maneira pacificadora ou sublimadora; há o deslocamento de sentidos, impulsionado, inclusive, pela atuação da *persona* que ocupa o lugar do sujeito-criador – seja ele qualquer um dos desdobramentos autorais.[3] No trecho a seguir se engenha – assim como na referência

---

protagonista enuncia: "Senhor, Este, O Luminoso, o Vívido, o Nome, o Menino Louco, o Mais, o Todo, o Incomensurável, Porco-Menino Construtor do Mundo, Menino-Porco, Menino Precioso, Luzidia Divinoide Cabeça, o Outro, La Cara, La Oscura Cara, homem Cristo".

3 Mapeando as declarações da autora, sobretudo na imprensa, nota-se que também se exercitaria, na relação com o interlocutor, uma busca pela definição de Deus e da própria existência – aí inseridas dimensões que abalariam, em certo sentido, a apreensão corriqueira do cotidiano, exemplificadas pelo declarado contato com espíritos ou com extraterrestres –, o que numa outra instância, aludiria à (tentativa de) definição de sua própria obra e de seu papel na sociedade. Veja-se como Hilst apresentou Deus e se referiu às "coisas normais" na entrevista a seguir: *Cult* – Você nomeia Deus de muitas maneiras: "Grande coisa obscura", "Cara cavada", "Máscara do nojo", "Cão de pedra", "Superfície de gelo encravada no riso". Sua concepção de Deus se aproxima da do poeta alemão Rainer Maria Rilke, do Deus imanente a todas as coisas, do "Deus coisificado"? H. H. – Não é bem isso. O meu Deus não é material. Deus eu não conheço. Não conheço esse senhor. Eu sempre dizia que Ele estava até no escarro, no mijo, não que Ele fosse esse escarro e esse mijo. Há uma coisa obscura e medonha nele, que me dá pavor. Ele é uma coisa. Se bem que depois que eu li Heidegger, e releio sempre, não consigo mais falar "coisa". Heidegger escreveu um livro enorme só para falar o que é uma coisa. Mas esse tipo de conversa você não pode pôr na revista. As pessoas ouvem falar em Deus e se chateiam. Tem que falar de coisas normais. Só quando o Paulo Coelho fala em Deus é que as pessoas escutam. (Zeni, 1998)

HILDA HILST E O SEU PENDULEAR **129**

que Hilda junto à sua recepção faz a seu pai ou a seus interlocutores – uma estratégia fomentada por uma *experiência pessoal*, sugestivamente marcada pelo "vômito", isto é, pela organicidade, pela fluidez, pela decomposição ou pela desagregação daquilo que sai da *boca*:

> CADERNOS: E a vontade de ser santa em vez de escritora? Houve isso mesmo?
> HILDA HILST: Houve. Quando eu tinha oito anos, minha maior vontade era ser santa. Eu estudava em colégio de freiras, rezava demais, vivia na capela. Sabia de cor a vida das santas. Eu ouvia a história daquela Santa Margarida, que bebia a água dos leprosos, e ficava impressionadíssima. Vomitava todas as vezes que as freiras falavam disso. E diziam: "Não é para vomitar!" Eu queria demais ser santa.
> CADERNOS: E o que ficou dessa sua formação religiosa?
> HILDA HILST: Ah, ficou toda a minha literatura. A minha literatura fala basicamente desse inefável, o tempo todo. Mesmo na pornografia, eu insisto nisso. Posso blasfemar muito, mas o meu negócio é o sagrado. É Deus mesmo, meu negócio é com Deus. (*Cadernos...*, 1999, p.30)

O cotejo das declarações da autora com os seus textos permite focalizar não apenas como ela inseriu si mesma e sua obra nesse entrelugar, valendo-se duma *performance* específica, mas também a condição do sujeito e o delinear da figura divina. Como já apontado na fortuna crítica, é notável, numa primeira visada, certa aproximação da concepção hilstiana acerca do divino àquela proposta por G. Bataille (1980), inclusive se for considerado o lugar de onde se enuncia. Note-se como o escritor francês se manifesta em apresentação ao seu célebre estudo acerca do erotismo:

> [...] o que mais me apaixonou foi a possibilidade de reencontrar numa visão de conjunto a imagem que obcecou a minha adolescência, a de Deus. Não porque regressasse à fé da minha juventude, mas porque estou certo de que no mundo abandonado que habitamos a paixão humana tem um só objeto. Diversas são as vias pelas quais o abordamos, como diversos são os aspectos desse objeto, mas só lhe penetramos o sentido quando nos apercebemos de sua coesão profunda. (Bataille, 1980, p.10)

130 NILZE MARIA DE AZEREDO REGUERA

Em Bataille (ibidem, p.23), ao abandono ou à barbárie presentes no mundo é confrontada a "experiência mística", que, mesmo passível de contestação, seria marcada por uma rica "experiência negativa" que apontaria a incognoscibilidade da continuidade do ser e, nessa dinâmica, a "coesão profunda" do divino e da relação entre continuidade e descontinuidade. Se, como ele defende, buscamos, até mesmo nostalgicamente, a continuidade perdida, que teria sido relegada a partir da reprodução, a experiência mística, ao revelar "uma ausência de objeto" (ibidem, p.17), permite que "tenhamos a força de operar uma ruptura da nossa descontinuidade, introduz[indo] em nós o sentimento da continuidade" (ibidem, p.23):

> [A] reprodução sexual que, na base, faz intervir a divisão das células funcionais, tal como na reprodução assexuada, leva a uma nova espécie de passagem da descontinuidade à continuidade. O espermatozoide e o óvulo são, no estado elementar, seres descontínuos, mas que se *unem* e, em consequência, estabelece-se entre eles uma continuidade que leva à formação dum novo ser, a partir da morte, do desaparecimento dos seres separados. O novo ser é em si mesmo descontínuo, mas traz em si a passagem à continuidade, a fusão, mortal para cada um deles, de dois seres distintos. (ibidem, p.15, grifo do autor).

Esse sentimento poderia ser exposto pelo sagrado, pelo erotismo e pela morte – e, acrescenta o autor, pela poesia –, ao implicarem a "indistinção, a confusão dos objetos distintos" (ibidem, p.24).[4]

---

4 Em sua argumentação, é diferenciado o "sagrado" do "divino". O primeiro, relacionado aos sacrifícios primitivos, "é exatamente a continuidade do ser revelada àqueles que, num rito solene, fixam a sua atenção na morte de um ser descontínuo. Devido à morte violenta, a ruptura na descontinuidade do ser surge: o que subsiste e o que, no silêncio que produz, experimentam os espíritos ansiosos é a continuidade do ser, à qual a vítima é restituída. Só uma morte espetacular, operada em condições determinadas pela gravidade e pela coletividade da religião, é susceptível de revelar o que habitualmente escapa à atenção" (Bataille, 1980, p.22). "O *sagrado* dos sacrifícios primitivos é o análogo do *divino* nas religiões atuais. [...] Essencialmente, o divino é idêntico ao sagrado, com a reserva da relativa descontinuidade da pessoa de Deus. Deus é um ser compósito que tem, de modo fundamental, no plano da afetividade, a continuidade do ser de que falo.

HILDA HILST E O SEU PENDULEAR **131**

A referência à relação entre sagrado e profano, ao aspecto orgânico, e à inefabilidade permite que o *ato de nomeação*, em sua tentativa, seja revelado em sua *descontinuidade*, já que o contato entre o divino e o humano poderia, supostamente, prescindir da fala ou da verbalização, dada a experiência interior ou a coesão do divino. Contudo, é válido indagar em que medida haveria a indistinção, a confusão ou a coesão, tais como defendidas pelo pensador francês, e qual tipo de experiência seria passível para a personagem ou a *persona* em cena.

Se os questionamentos do sujeito herdeiro da modernidade, do narrador-personagem- escritor, podem ironicamente levar à inépcia ou ao desinteresse, o olhar que é lançado a Deus, permeado pela atração e pela repulsa, pode perturbadoramente levar da "sedução" à "execução" – o que abalaria a ascendente caracterização dEle e reiteraria a própria descontinuidade. Isso, no circuito paródico, presentificaria, novamente, textos como *A empresa*, cuja estrutura de dominação projeta, em outro nível, a relação com o divino. Neste texto de 1967, as palavras de Simone Weil dispostas na epígrafe sugerem um tipo de contato com o divino de que se Hilst valeria em sua trajetória: "Pensar Deus, amar Deus, não é mais do que uma certa maneira de pensar o mundo" (Hilst, 2008, p.31).

Na entrevista anterior, concedida décadas após a publicação de *Fluxo-floema*, a descrição que Hilda faz de sua *performance* – o seu vomitar – faz surgir no nível da linguagem um procedimento presente em seus primeiros textos em prosa, que pode apontar tensões em relação aos seus textos anteriores devido à densidade com que foi modulado: a (busca pela) nomeação é singularmente associada ao orgânico, ao corporal. Numa intensificação, o tatear seria, portanto, associado tanto ao *corpo da personagem* quanto ao *corpo escritural*, revelando toda a sua organicidade – os seus veios, as suas entranhas, a sua encenação –, promovendo, inclusive, um confronto ou uma encaração com o contexto e com a rede de forças de onde emergia.

A representação de Deus, contudo, está ligada [...] a um ser racional, a um ser pessoal, a um *criador* distinto do conjunto que foi criado e que existe" (p.22-3, grifo do autor). Embora os termos tenham acepções semelhantes, podemos considerar o primeiro em seu caráter ritualístico e em sua oposição ao "profano", e o segundo no destaque em relação à pessoa ou à proveniência de Deus.

132 NILZE MARIA DE AZEREDO REGUERA

Se na dramaturgia – como bem-representada por América – a personagem poderia ser martirizada em razão de sua não-adequação à estrutura de dominação ou à consciência que ela adquirira, na lírica a indagação a respeito do e a busca pelo divino é que poderiam, por exemplo, causar a inquietação do eu-lírico.[5] Na prosa, num gesto de redimensionamento dessas perspectivas, a personagem pode até se martirizar diante do divino e da angústia que Ele lhe causa; porém, ao imperar a ambivalência oriunda da relação entre texto e contexto, entre aproximação e distanciamento, nota-se que esse ato é paradoxalmente preenchido pelos matizes da frustração, da ironia e de um humor que deslocam.

A aparente adesão à tradição bíblica em "Lázaro", principalmente se for considerado como Cristo se relaciona com o narrador-personagem, permite, em princípio, a aproximação deste e, como consequência, a sua conscientização acerca de sua salvação, dada na espera pelo seu ressuscitamento. À medida que se têm o desdobramento da estrutura narrativa e a alteridade, representada, sobretudo, pelo grotesco Rouah, relaciona-se ao divino o disfórico, que é acentuado pela dúvida do narrador-personagem, pela incompreensão advinda da interpretação que as demais personagens fazem de seu discurso, bem como pela evocação à suposta ineficácia do discurso de Cristo ou ao suposto ludíbrio dEle. As palavras de Benevuto fomentam essa problemática:

[...] Oh, Lázaro, filhinho, eu também acreditava Nele como tu. Muitos acreditavam Nele. Os mais humildes acreditavam Nele. E só posso te dizer que todos os que acreditavam Nele morriam mais depressa que os outros. E não penses que morriam de morte serena, afável – se é que pode usar tais termos para a morte – o que eu quero dizer é que nenhum cristão morria simplesmente. Morriam *cuspidos, pisados*, arrancavam-lhe *os olhos, a língua.* Lembro-me de um cristão que carregava o crucifixo e gritava como tu: está vivo! Ele está vivo! Sabes o que fizeram? Pregaram-

---

5 Poder-se-ia relacionar essa nomeação-busca ao *desejo* que, recorrente na produção hilstiana, impulsionar-se-ia pela falta que marca a condição do sujeito. É dessa perspectiva que E. Cintra (2009, p.43), ao focalizar o modular lírico, afirma que "esse desejo, que é falta como todos os desejos, busca na palavra poética a sua corporeidade".

HILDA HILST E O SEU PENDULEAR **133**

-Lhe o crucifixo *na carne* delicada do peito e urraram: se Ele está vivo, por que não faz alguma coisa por nós? Se Ele está vivo, por que alimenta o ódio, o *grito*, a solidão dentro de cada um de nós? Se Ele está vivo, por que não nos dá esperança? O *sangue* do homem salpicava-lhes as caras, e o coitado só repetia esta palavra: a cruz! A cruz! Aí foram tomados de fúria: ouviram? O *porco* quer nos legar a cruz! Como se não nos bastasse a vida! E pisotearam-no até a morte. Muitos morreram de uma forma mais cruel que essa. (Hilst, 2003c, p.139-40, grifo nosso)

O olhar disfórico que se lança ao divino, explícito em palavras que sugerem a desesperança e a incredulidade, vai incutindo um questionamento de ordem metafísica e existencial, singularmente construído em Hilst, que perquire a existência de Deus, o Seu afeto pelo homem, e o tipo de relação que com ele estabelece – uma defecção dada pela organicidade, pelo grotesco e por vocábulos que reiteram a tensão e o martírio. Numa projeção espiralada, esse olhar também seria lançado ao humano e às suas realizações – que também se mostrariam, irônica e/ou frustrantemente autoritárias ou ineficazes –, levando nesse desdobramento a se indagar em que medida essa relação seria, então, possível. A ascese e a elevação parecem, nesse sentido, não estar mais presentes ou não ser mais plausíveis, visto que a linguagem, o instrumento pelo qual seriam alcançadas, pode ser ludíbrio, impossibilidade, falácia, devido, inclusive, à sua arbitrariedade. Dessa perspectiva, cada texto de *Fluxo-floema* exercitaria variações disso, (re)encenando a própria *encarnação*.

H. Guido (2009, p.207, grifo do autor) apresenta um argumento sugestivo ao abordar a presença do pensamento filosófico na poesia hilstiana, o qual permite que se enfoque a relação com o pai-criador:

Na mitologia grega, *Khronos* devora os seus filhos. O cristianismo altera o mito e é o Deus encarnado que se dá aos seus filhos como alimento. A antropofagia parece ser um traço comum do comportamento da espécie humana e aparece em diversas culturas, independentemente do tempo e do lugar. Ela é uma prática social, e não se come a carne humana para saciar a fome, até porque não se tem fome [;] o que se quer é a usurpação das virtudes e das habilidades daquele que vai ser devorado.

Não obstante a evocação às tradições aí presentes – a bíblica, explícita, e a modernista ou oswaldiana, insinuadas – vale investigar se a organicidade do corpo e da escritura engendraria ritualisticamente uma encarnação ou até mesmo uma *deglutição* – que, vorazmente, pode ser uma *devoração* –, dinamizadas pela inflição, pelo martírio e pela reconfiguração da figura paterna/divina. No caso de "Lázaro", a corporeidade de personagem-escritura reiteraria, nas faixas com que foi envolto e nas do texto, a condição de solidão, de incompreensão e de usurpação que a ele é relegada. Assim, além da boca, um *orifício*, *órgãos* como a língua e os olhos, *fluidos* como o sangue, o suor e a saliva, *ações* como o cuspir, o pisar, o arrancar, o enfiar, o pregar e o pisotear vão imprimindo alegoricamente na materialidade do corpo escritural um ambivalente processo de martirização, por meio da "merdafestança de linguagem", da "língua de bosta". Se a boca, no seu organicismo, permite que isso venha à tona, é por ela mesma que se teria a verbalização-martírio, a usurpação. No deslocamento em relação ao cânone e na radicalização do que se apresenta, Lázaro parece ser devorado, e seria o distanciamento de Deus face ao homem, o desprezo, a ironia ou a inépcia dEle advindos que propiciariam "a usurpação de [suas] virtudes e de [suas] habilidades". Seria esta uma das razões por que:

> Rebaixado ao nível dos atos mais abjetos, o *Deus-porco* de Hilda Hilst já não é mais a medida inatingível que repousava no horizonte da humanidade. O confronto entre o alto e o baixo, além de subverter a hierarquia entre os dois planos, tem portanto, como consequência última, *a destituição da figura divina como modelo ideal do homem*. Disso decorre uma desalentada consciência do desamparo humano, na qual é possível reconhecer os princípios de um pensamento trágico, fundado na interrogação de Deus diante de suas alteridades [...]. (Moraes, 1999, p.119, grifo nosso)

Em certo sentido, poder-se-ia contrastar esse procedimento de bandeamento do divino, que é marcado por um *gesto/ato performático da e com a língua*, ao que M. Bakhtin (1999, p.19, grifo do autor), em seu célebre estudo acerca do realismo grotesco, afirmara:

HILDA HILST E O SEU PENDULEAR 135

Rebaixar consiste em aproximar da terra, entrar em comunhão com a terra concebida como um princípio de absorção e, *ao mesmo tempo*, de nascimento: quando se degrada, amortalha-se e semeia-se simultaneamente, mata-se e dá-se a vida em seguida, mais e melhor. Degradar significa entrar em comunhão com a vida da parte inferior do corpo, a do ventre e dos órgãos genitais, e portanto com atos como o coito, a concepção, a gravidez, o parto, a absorção de alimentos e a satisfação das necessidades naturais. A degradação cava o túmulo corporal para dar lugar a um *novo* nascimento. E por isso não tem somente um valor destrutivo, negativo, mas também um positivo regenerador: é *ambivalente*, ao mesmo tempo negação e afirmação. Precipita-se não apenas para o baixo, para o nada, a destruição absoluta, mas também para o baixo produtivo, no qual se realizam a concepção e o renascimento, e onde tudo cresce profusamente. O realismo grotesco não conhece outro baixo; o baixo é a terra que dá vida, e seio corporal; o baixo é sempre o *começo*.

Contextualizando o seu objeto de estudo – o texto de F. Rabelais (1494-1553) –, diferencia o grotesco aí empregado daquele em outras épocas, como no renascimento, no romantismo e na modernidade. Salienta que "o princípio material e corporal [em Rabelais existente] muda[ria] de sentido" (ibidem, p.19), perdendo, assim, o seu caráter regenerador e renovador. Dessa maneira, a "paródia moderna também degrada[ria], mas com um caráter exclusivamente negativo, carente da ambivalência regeneradora. Por isso a paródia, como gênero, e as degradações em geral não podiam conservar, na época moderna, evidentemente, sua imensa significação original" (ibidem, p.19).

Convém, então, analisar o valor que esse "rebaixamento" – que seria também "topográfico" (ibidem, p.18) –, ou, como preferimos, essa *defecção* iria adquirindo, que tensões iria fomentando e se, de fato, no circuito paródico, teria um "caráter exclusivamente negativo". É notável que grande parte das personagens de Hilst tem algum contato com a terra, com o visceral, ou se vale de um desnível

136 NILZE MARIA DE AZEREDO REGUERA

topográfico, rumo ao baixo ou às profundezas.[6] Também o é que muitas delas significativamente se encontram encarceradas em seus escritórios ou cômodos, até mesmo desniveladas em relação ao ambiente externo – como Ruiska, mormente recluso em seu escritório, perambulando entre o poço, a claraboia e a porta de aço, ou Lázaro, cujo corpo envolto é colocado em um "pequeno vestíbulo", "dentro da rocha" (Hilst, 2003c, 115-6) –, em fábricas, como ressaltado no modular dramático, ou, em "O unicórnio", numa cela. De fato, é visível uma articulação topográfica nos textos hilstianos, representada pela tensão oriunda das oposições entre o alto e o baixo, o interior e o exterior. Contudo, à medida que se desenrolam os fatos, que tendem a ser abalados por uma fábula definhada, reduzida a ações mínimas, configura-se também uma topografia associada ao sujeito, o qual, em intensidades diferentes, perquire a sua existência e a de Deus. É por isso que ao mesmo tempo em que Lázaro, Osmo e Ruiska e os seus *outros* parecem se diferenciar quanto ao anedotário que apresentam, eles, incorporando o paradoxo e a crise que singularmente os sustentam, também se assemelhariam por darem voz e corpo a essa topografia – uma topografia relacionada às ruínas, de ruínas, em sua "medida estilhaçada" (Moraes, 1999).

Se "as alegorias são no reino dos pensamentos o que as ruínas são no reino das coisas" (Benjamin, 1984, p.200), em seu exercitar Hilda

---

6 Interessante é, no diálogo entre os próprios textos de Hilst, *Tu não te moves de ti* (1980), no qual Maria Matamoros, expressando-se por meio de um linguajar que evoca e dramatiza elementos relacionados à província ibérica, à tradição ou à ancestralidade, liga-se de um modo abundante à organicidade, a terra, aos sentidos e aos órgãos. Observe-se o início de "Matamoros (da fantasia)": "Cheguei aqui nuns outubros de um ano que não sei, não estava velha nem estou, talvez jamais ficarei porque faz-se há muito tempo nos adentros importante saber e sentimento. Amei de maneira escura porque pertenço à Terra, Matamoros me sei desde pequenina, nome de luta que com prazer carrego e cuja origem longínqua desconheço, Matamoros talvez porque mato-me a mim mesma desde pequenina, não sei, toquei os meninos da aldeia, me tocavam, deitava-me nos ramos e era afagada por meninos tantos, o suor que era deles entranhava no meu, acariciávamo-nos junto às vacas, eu espremia os ubres, deleitávamo-nos em suor e leite e quando a mãe chamava o prazer se fazia mais violento e isso me encantava, desde sempre tudo toquei, só assim que conheço o que vejo [...]" (Hilst, 2004, p.61).

HILDA HILST E O SEU PENDULEAR 137

vai evidenciando por meio do e no próprio expressar(-se) alegórico certa *suspensão* do sujeito e, por consequência, da história e do tempo. Entre o esfacelamento e a reconstituição, entre a paralisia e a ação, personagens vagueiam por entre as ruínas do que a modernidade lhes "prometera", e as suas faces, diferentemente daquela do anjo da história a que alude W. Benjamin (1986c, p.226), são ambíguas, podendo evidenciar *tanto* escárnio, ironia, humor, riso *quanto* angústia, mal estar, desespero, inação.

A topografia associada ao sujeito – o tatear da língua, com a língua –, ao revelar a organicidade do corpo da personagem, do ambiente em que se encontra, e do corpo da escritura, permite redimensionar o que Bakhtin (1999) postulara acerca de seu objeto de estudo e da modernidade. A ambivalência em Hilst simplesmente não se enquadraria, devido ao seu movimento de resistência, "no baixo produtivo", "onde tudo cresce profusamente", ou, ainda, não se prestaria à profusão de um caráter "exclusivamente negativo" (Bakhtin, 1999, p.19). Ela parece ser motivada, em seu exercitar, mais por essa ambígua reiteração da condição fragmentada do sujeito, de seu expressar(-se) e das implicações disso decorrentes do que por uma regeneração que propiciaria o renascimento ou a renovação ascética do mesmo. Em sua redundância ou em seu excesso, o que se verbaliza se mostra, pois, uma *ambivalência defectiva*, que alegorizaria a trajetória de texto-sujeito, fomentando, na relação com o contexto, a possibilidade e a impossibilidade de (se) expressar ou de (se) "aguentar".

A indagação acerca do humano e do divino se desenrola, sobretudo, nesse processo de erotização desencadeado pelo toque da língua no corpo. Note-se, por exemplo, como, no desdobramento narrativo, dá-se o coito entre Osmo e Mirtza, alegorizado pelo galopar – o qual também é presente em "Fluxo":

> [...] O canto de ninar finlandês é assim: tuu, tuu, tupakarulla, tuu, tuu, tupakarulla, [...] dá vontade de ficar dizendo sem parar, e eu primeiro assoviei e depois cantei tuu, tuu, tupakarulla, cada vez mais depressa tupakarulla, tupakarulla como se estivesse montado num cavalo, num cavalo vermelho a galope no bosque de bétulas, tupakarulla, bétulas, ah,

tupakarulla, bétulas, cada vez mais depressa, agalopeagalopeagalope, que perfume, que lago, eu poderia ter jogado o corpo de Mirtza no lago, mas não, o corpo de Mirtza não era amigo de muita água, aquele corpo tinha o seu próprio cheiro, um cheiro singular e não era lícito despojá-lo daquele cheiro-perfume-singular, cada corpo tem direito ao seu lugar, cada corpo pertence a um lugar, o meu ainda não sei, talvez ao fogo, porque o fogo na verdade não consome, o fogo... não quero divagar agora sobre o fogo, talvez um dia, numa outra história eu possa dizer mais coisas a respeito do fogo, por enquanto não posso porque estou a galope, estou no ar, estou no ar porque estou respirando com notável avidez e só posso estar no ar, respirando assim, e sempre depois do grande ato respiro assim, não é uma sensação de alívio, podem crer, é como se eu estivesse acabado de sair do ventre de minha mãezinha [...]. (Hilst, 2003c, p.97-8)

O galope que imprime ritmo ao ato do casal e ao fluxo narrativo impulsiona também o tatear, que se reverbera entre os corpos das personagens – no próprio ato sexual –, entre eles e a escritura – no caráter metalinguístico, visível no singular didatismo do Osmo, na simulação da cena –, entre as próprias palavras – na justaposição ou dos vocábulos ou na aglutinação dos fonemas. A tensão resultante desse fluxo, desse carreiramento, reitera, mais uma vez, o conflito que o narrador-personagem deixa ver acerca do que faz e do que gostaria de fazer, e, na alegorização da (im)possibilidade, vocábulos se deixam ver como corpos-estilhaços, "móveis" ruínas, "hieróglifos", que transitam ou se chocam nesse "e(s)coar da linguagem" (Dias, 2009, p.27).

Considerando a relação entre mobilidade e estancamento, poder--se-ia indagar se essa corporeidade caracterizaria um "entrave", ou se o ensimesmamento de Osmo evidenciaria que:

[...] os corpos e os objetos [...] adquir[em] um caráter privado e pessoal, e por causa disso se apequenam e se domesticam, são degradados ao nível de acessórios imóveis da vida cotidiana individual, ao de objetos de desejo e de posse egoístas. Já não é o inferior positivo, capaz de engendrar a vida e renovar, mas um obstáculo estúpido e moribundo que se levanta contras as aspirações do ideal. (Bakhtin, 1999, p.20)

HILDA HILST E O SEU PENDULEAR **139**

O que o estudioso russo projetara a respeito da descaracterização ocasionada pela perda do caráter renovador parece não dar conta do que se instaura no texto hilstiano. Ainda que haja um olhar enfático de Osmo em relação a si mesmo, ou ao que lhe é relativo, recursos outros que impossibilitariam o seu pleno enquadramento ao paradigma de "um obstáculo estúpido e moribundo" vêm à tona. É assim que no descompasso entre o narrar prometido e o empreendido, a desfuncionalização do discurso existencial ou metafísico – dada também pela prolixidade –, a busca e a topografia impressas no corpo da carne e no corpo da escritura promoveriam uma reatualização desse discurso:

> [...] Porque não pode ser de outro modo, você não pode deixar de respirar, você é obrigado a respirar, pois é para isso que você tem essas duas massas porosas, ramificadas, e agora olho para cima, e os ramos das bétulas esvoaçam, difícil dizer isso os ramos das bétulas esvoaçam, é assim sibilante, não é bom, mas me perdoem eu não tenho a menor vontade de escolher palavras agora, não estou preocupado em consoantes sibilantes, posso me preocupar com isso mais adiante e tentar corrigir, é sempre melhor não sibilar, quem é que sibila afinal? A serpente sibila? A serpente silva? A serpente silva sibilante? Não estou preocupado. Estou preocupado em existir. Enfim, o existir não me confunde nada. O que me confunde é a vontade súbita de me dizer, de me confessar, às vezes eu penso que alguém está dentro de mim, não alguém totalmente desconhecido, mas alguém que se parece a mim mesmo, que tem delicadas excrescências, uns pontos rosados, outros mais escuros, um rosado vermelho indefinido, e quando chego bem perto dos pequenos círculos, quando tento fixá-los, vejo que eles têm vida própria, que não são imóveis como os poros de Mirtza, que eles se contraem e se expandem, que eles estão à espera... de quê? De meus atos. (Hilst, 2003c, p.98-9)

O "grande ato" de Osmo, dado no corpo, o palco das ações, também suscita a alteridade, que é representada pelas personagens com que se relaciona, pelos seus supostos leitores-ouvintes, pelo desdobramento de si mesmo, pela *persona* Osmo-Hilda, ou seja, do escriba ou do artista. O que sai de Osmo – palavras e fluidos – abala e perturba o engrendramento narrativo e a apreensão da realidade e, portanto, não se adequaria a um mero impedimento da

140 NILZE MARIA DE AZEREDO REGUERA

valorização ou da ascensão propiciadas pela ambivalência regeneradora. Se há algum impedimento ou atravancamento, ele é outro. Nesse sentido, na "confusão" dada pela vontade súbita de se dizer ou de se confessar, Osmo, assim como a sua linguagem, é o espaço e o meio pelos quais se desenrola, por um lado, a alegorização da condição fragmentária que tendia a atingir o sujeito na segunda metade do século XX, após a constatação da falácia resultante do projeto moderno, no contexto dos regimes de exceção. Por outro lado, a ironia nas palavras de Osmo, na relação produção-recepção, por meio de sua "antífrase" ou de sua "estratégia avaliadora" (Hutcheon, 1989, p.73), permitiria constatar no desnivelamento de expectativas que "Osmo" ou o que se apresenta poderia ser uma grande encenação, na qual imperaria o ludismo característico de Hilst, tendo-se, provavelmente, humor e riso – basta lembrar a ambivalente declaração com que ele inicia o seu monólogo: "Não se impressionem." (Hilst, 2003c, p.75). Se há fragmentação, há também ironia, de maneira que o entravamento advém do dinamismo que impede a ancoragem do texto a padrões ou expectativas e da consequente tensão que também é lançada ao polo receptivo; é, pois, da personagem e do discurso, de corpo e escritura, de *corpoescritura.*

No caso de "Fluxo", como se destacou, a ironia – especialmente destilada no trato de Ruiska com o escrever e com as nuances aí presentes – e o desdobramento polifônico e grotesco propiciam, inclusive no cotejo com os outros textos, que vá se visualizando uma ritualização do contar. Esse procedimento, em "Lázaro" e em "Osmo", visto no didatismo e na preocupação com a apresentação dos fatos singulares a cada um, em "Fluxo" seria menos uma ascensão ou uma fusão de divino e humano do que um tatear, que exercitaria os primeiros movimentos de uma singular cerimônia litúrgica, encadeada, ainda, por elementos que aludem ao martírio ou, até mesmo, a uma (auto)devoração:

> [...] Ora bolas, o incognoscível. Aliso a minha batina preta de frisos vermelhos. Aliso com ternura, com doçura, com loucura. Seria bom se eu pudesse participar agora de uma cerimônia litúrgica muito solene, levantar a hóstia, não, não, levantar a hóstia seria contemplar o incognoscível? Seria? Bem,

HILDA HILST E O SEU PENDULEAR **141**

isso é pouco, o bom é adentrar-se no incognoscível, confundir-se com ele, mas de qualquer jeito eu vou fazer uma cerimônia litúrgica a meu modo, nada de se deitar na terra e abrir os braços e os dedos, nada de se deitar, levantar-me sim, estender as mãos para a frente, depois para o alto, captar com as pontas dos dedos o fogo de cima, movimentar os braços como uma hélice, envolver-se de chamas, empurrar a chama para o peito e para o meio dos olhos. Estou pronto. Começo a sair de mim mesmo. É doloroso sair de si mesmo, vem uma piedade enorme do teu corpo, uma piedade sem lágrimas, é Ruiska, o teu corpo está velho, teus ombros se estreitaram, teu peito afundou, tu, com a tua matéria espessa, eu com a minha matéria escassa, eu atravessando as paredes, que alívio eu no jardim, subindo no tronco, sentado nos galhos e me alongando como um peixe-espada, eu me tornando todas as árvores, todos os bois, as graminhas, as ervinhas, os carrapichos, o sol doirado no meu corpo, sim, no meu jardim há vários bois, há vacas também, há um lago de água salgada cheio de peixe-espada, é mais bonito ser tudo isso, ser água, escorregadia, amorfa [...] Mas agora não consigo voltar ao meu corpo, oh como é difícil deixar de ser o universo e voltar a ser apenas eu. (Hilst, 2003c, p.26-7)

A organicidade deste ato – que já se insinuou em "Lázaro"–, a referência à comunhão, a ironia ou o humor – que corroem a situação em que o protagonista se encontra, o seu discurso e o seu corpo – desestabilizam o contato de Ruiska com o incognoscível. Na tradição cristã, a comunhão, um ato sacralizado e ritualizado que, em certo sentido, encara e encarna o Cordeiro Martirizado, alude ao corpo divino que se materializa na Terra. Esse gesto é possibilitado pela deglutição e, por isso, a boca e os fluidos corporais aí se destacam, adquirindo funcionalidade específica, sendo o veio para se alcançá-Lo. Se pode haver ascese possibilitada pelo contato com o Corpo Encarnado, para Ruiska ela deve se dar não apenas pelo ritual eucarístico, exemplificado pelo levantamento da hóstia, mas também por uma ritualização que lhe é particular e que objetivaria a fusão do humano com o divino, a indistinção e esta, por sua vez, a apreensão da incognoscibilidade.

Entretanto, a sua cerimônia litúrgica, marcada inclusive pelo didatismo, não leva à purificação ou à ascensão: o seu corpo e a alteridade espessam a tensão entre o alto e o baixo, o divino e o humano e

142 NILZE MARIA DE AZEREDO REGUERA

revelam a inexorabilidade diante do tempo, da morte. O que se dá a conhecer seria, então, o outro lado desta relação, "aquilo que é deixado de lado", e que, dessa perspectiva, entre a verticalidade e a horizontalidade, é alegorizado pelo corpo da personagem, pelo corpo textual, pelo corpoescritura. Em contraste com a natureza, o(s) corpo(s) de Ruiska encarna(m) a defecção e o seu olhar, vindo d'acima do solo, promove uma reconfiguração da relação humano-divino de maneira que o seu corpo desprendido seja colocado na posição tradicionalmente reservada à divindade. Nesse procedimento que multiplica os corpos, pairando sobre si mesmo, Ruiska lança seu olhar para o seu corpo "velho", "espesso", o qual se contrapõe à escassez ou tenuidade do que está ascendido.

Nessa singular ritualização, nessa vagueação por entre os corpos, por entre os elementos do espaço que habita, ressaltam-se dois abrolhos na/da escritura hilstiana: a problemática relativa à apreensão da incognoscibilidade e ao contato com o divino, e àquela referente à passagem do tempo. Desenvolvidos no circuito paródico, esses questionamentos tornam saliente a materialidade da língua – órgão de deglutição e de digestão, instrumento de verbalização –, confrontando palavras e corpos. A tentativa de se alcançar a ascensão, suscitada por algumas personagens, revela-se na oscilação da inação à ação perturbadoramente insuficiente, pois em seus corpos há múltiplos. É o caso de Lázaro, encarcerado no de dentro-túmulo – a pedra, o seu corpo, a sua mente –, em contato com a terra, com o rebaixamento topográfico e abissal relacionado à (im)possibilidade de (se) expressar. Em "Floema" esse trato parece encontrar um ponto de entoação "que pesa", "comprime", como explicitado na fala de Koyo, homem que dialoga Haydum, divindade – que pode estar tanto noutro corpo encarnado quando no próprio corpo de Koyo, sendo o "seu nervo":

> [...] A vida inteira estou batendo no teu casco, as gentes preparam meu caixão, posso vê-los daqui. Nem sabes como somos prudentes. Tenho o peso do mundo, tudo pesa e tudo se me fecha, os outros me comprimem, êmbolo, sou sempre o de baixo, que seiva é para sugar? Quem é que suga aquilo que não vê? A língua é presa num filete rosado de matéria, é

HILDA HILST E O SEU PENDULEAR 143

áspera, pesa na minha boca, tudo pesa, a maior parte do dia fica à procura de migalhas, depois se distende procurando a palavra. PESA. E há os pássaros, Haydum, esses que tu fizeste para mim emudecidos. Palatino sonoro, sim, mas se devoram, uns maiores, têm garras, andam aos bandos, parecem frágeis ao longe. São momentos do todo onde resides? Te sabem? (Hilst, 2003c, p.234)

O que foi sendo exercitado parece alcançar um grau de voracidade e de alegorização que influencia o próprio encadeamento expressivo, o modo pelo qual as personagens lidam com o corpoescritura – "vestíbulo do nada" e "êmbolo", elas vão incorporando em seus corpos-discursos a sua busca, a sua condição aporética de suspensão.

A disposição das palavras na página, uma herança da modernidade que tipifica um trato com o poético, alegoriza esse jorro vocabular, acentuando o contraste entre os discursos das personagens. Assim são eles diferenciados, inclusive em sua paragrafação e em seu recuo da margem: o de Haydum, verticalizado, e o de Koyo, horizontalizado, cruzando-se e deixando ver a cruz. Se o apelo à espacialização se fizera presente no livro – como em "Fluxo", nas falas do anão e de Ruiska, e na cerimônia litúrgica deste –, em "Floema" a ritualização vai se acirrando e imprimindo na página um trato com a matéria – palavra e corpo –, em busca da decifração da divindade e do humano que se apresentam, bem como da própria existência – o que não deixa de promover um questionamento acerca da linguagem e de sua função.[7] É nesse prisma que o texto se inicia, com Haydum se dirigindo a Koyo, fazendo uso de uma modalização, da qual se ascende uma fala relacionada ao modo imperativo:

---

7 Essa topografia do sujeito que indicia o corpo da personagem e o corpo da escritura germinou, num primeiro exercitar, na lírica, sendo acentuada na dramaturgia, com a disposição das personagens no palco – como sugerido pela autora em A empresa (Hilst, 2008, p.25-9), em suas observações, no esboço e na explicação do cenário que dispõe ou sugere aos leitores-atores. Essa configuração, reverberada espiraladamente, marca a encaração das personagens e de seus supostos afligido-res: América, as cooperadoras, Eta e Dzeta; o Menino, a Menina, as vítimas e os algozes; os juízes, o sentenciado e o povo etc. Não é sem razão que esse recurso evoca e reconfigura a Santíssima Trindade.

> Koyo, emudeci. Vestíbulo do nada. Até... onde
> está a lacuna. Vê, apalpa. A fronte. Chega até o osso.
> Depois a matéria quente, o vivo. Pega os instrumen-
> tos, a faca, e abre. Koyo, não entendes, vestíbulo
> do nada eu disse, aí não há mais dor, aprende na
> minha fronte o que desaprendeste. Abre. Primeiro
> a primeira, incisão mais funda, depois a segunda,
> pensa: não me importo, estou cortando o que não
> conheço. Koyo, o que eu digo é impreciso, não é,
> não anotes, tudo está para dizer, e se eu digo emu-
> deci, nada do que eu digo estou dizendo. Umas
> coisas são ditas compulsoriamente, por exemplo,
> isso pega a faca e corta, eu quero que pegues, quero
> que cortes, depois o que eu disser dos paredões da
> mente, escolhe o mais acertado para o teu ouvido.
> Agora corta. Koyo, é simples, no fundo é tudo igual,
> o núcleo, entendes? (ibidem, p.225-6)

O arranjo dos discursos é distinto daquele dos outros textos do volume e marcado por um ludismo que retoma a tradição ou a herança moderna e a reconfigura, atribuindo-lhe o matiz da defecção. Esse aspecto lúdico se associa ao tatear, de modo que se tenha um deslocamento da adesão à desestabilização. O contraste das vozes de Haydum e de Koyo, da verticalidade e da horizontalidade, acentua o tipo de contato que se tem no corpoescritura: a fala de Haydum, que se desenrola da tautologia ao silêncio, da precisão à imprecisão, em princípio marca certo aconselhamento que remete à ordenação, que supostamente deveria ser seguida por Koyo – a busca pela decifração que marca o seu próprio martírio. Como a relação entre o humano e o divino não é a pautada pela tradição, Koyo também destina à divindade questionamentos, remetendo o contato entre ambos a um terreno ambivalente, em que o martírio – o ato de se cortar ultrapassando as camadas, até atingir a "essência", o "núcleo" – também poderia ser empreendido por Haydum. O próprio corpo de Haydum poderia estar em Koyo – reatualizando, em certa perspectiva, a temática do delírio ou da loucura suscitada anteriormente e a do corpo encarnado--Cordeiro. Assim, ainda que Haydum seja imenso diante de Koyo, já

HILDA HILST E O SEU PENDULEAR **145**

que este encara e toca os seus pés e o seu "casco", Koyo ganha corpo em
seu discurso, que é proporcionalmente mais longo que o do primeiro,
desenrolando-se pela horizontalidade, reificando a relação com a terra.
Na interseção entre o jorro vertical oriundo do divino e a horizontalidade do humano, o lugar de onde se enuncia é exposto em
sua condição tanto inebriante quanto frustrante, e o corpo, em seu
"peso" e em seu envelhecimento, é a medida da reflexão-tateio e da
(im)possibilidade de contato com essa outra dimensão da existência:

> [...] Tateio. Se eu te falo do mais pobre de mim, escutas? Tomo nos braços
> a fêmea que me deste, tateio o ventre, a coxa, o mais escuro, sobre a fêmea
> me deito. Tu não sabes, Haydum, o aroma da carne, a coisa dulçurosa que
> é o gozo, não sabes, mas nos deste o depois, esse depois da carne, a pré-
> -memória, depois da carne a penumbra no peito, uma distância por dentro,
> uma coisa que pergunta: Koyo, isso te basta? Eu te pergunto, Haydum: tu
> sangras? Eu sim. Tateio e sangro. Há um mais fundo nas coisas que não
> sei. NADANADA do fundo, apenas nomes. Ouve: córtex, arquicórtex,
> mesocórtex, neocórtex. Mas o mais fundo, Haydum, INARTICULADO.
> NADANADA do veio, NADANADA da fonte. Como queres que eu corte
> a tua fronte? Eu se eu te falo do mais triste de mim, escutas? (ibidem, p.235)[8]

Com os seus "nomes" que parecem não ser capazes de apreender
ou de nomear aquilo que está "mais no fundo", a fala de Koyo traz uma
característica presente nos outros textos e que em "Floema" adquire
uma concepção dramatizada na culminância do pendulear poético – a
erotização. O toque "na fêmea" – em Kanah, sua companheira, ou na
palavra, em sua língua –, na indagação acerca da falta relacionada ao
desejo poderia provocar *gozo* – prazer e/ou riso, zombaria. O gozo
seria relacionado ao jorro, à ostentação vocabular, ao questionamento
da existência, fomentando ou fecundando essa organicidade, sendo
alimento-floema para quem indaga:

---

8 Na evocação obsedante do circuito paródico, inevitável é a referência ao
expressar(-se) empreendido por G. Rosa (2006, p.5), em *Grande sertão: veredas*,
de 1956, em seu trabalho com a linguagem, no qual se evidencia, por meio dos
neologismos e do estilo ritmado, encenado, o corpo da mesma, o seu *"nonada"*.

146 NILZE MARIA DE AZEREDO REGUERA

[...] De um todo de mim esfaimado. Do tempo. Das vozes que perguntam. Das perguntas. Do corpo. Pergunto à minha própria carne: és minha? Pergunto à mulher: Kanah, se colocas a mão sobre o meu peito, sentes uma coisa que pergunta, uma rosácea ferida que pergunta? Não, sinto macio, às vezes linho, superfície repousada. E se colocas a mão sobre a minha fronte, aqui entre os olhos, sentes que Haydum está comigo, teus dedos tocam o fogo? Não, é quase indiferente para minha mão esse retalho de ti. Não me olhes assim, Kanah, como se toda herança da minha raça fosse a brisa da noite, fosse o nada. O olho que não olha. Olham sempre e nada veem. (ibidem, p.235)

A rosácea, evocada na fusão e no desmembramento entre Lázaro e Rouah, do qual originam os filhos, explicita em "Floema" a indagação que se desenrola na língua e no corpo, no corpoescritura. Em sua forma espiralada, ela alegoriza o procedimento em jogo, associando-se à excitação – que, em Hilst, além de orgânica ou corporal seria também verbal. Nessa dinâmica, o jorro orgástico-vocabular não implicaria necessariamente a satisfação corpórea ou a apreensão de sentidos, sendo por isso que o saber de Koyo – também "com o olho" – é diferente do das outras personagens, "que olham sempre e nada veem".[9]

Como apontado pela fortuna crítica, na produção hilstiana posterior a presença do erotismo se mostrou ambígua e desconstrutoramente exemplar, e, cremos, fomentou um tipo de questionamento junto a um estratagema de evidenciação, o qual lançou luz a ela mesma ou às suas *personae* e ao seu texto:

---

9 Koyo, "co o oio", "com o olho". Haydum, "hay un". Os nomes das personagens, como ruínas móveis ou hieróglifos, ascendem no/do corpoescritura. No grande texto hilstiano, eles transitam, oferecendo-se e resistindo à deglutição-devoração. L. G. Ribeiro (1977, p.X) destacou o ritualismo de que eles se valiam: "Os nomes exóticos – Haydum, Koyo, Kadek, Ruiska, Osmo, Mirtza, Kaysa – dão um ar ainda mais rarefeito a essas narrações já de si tão pesadas da gravidade do caos, da alucinação, como se as palavras fossem o som de um número cabalístico capaz de abrir a porta da compreensão ou da integração do ser humano no universo impenetrável." Promovendo o exercício da busca e da almejada decifração, os nomes-corpos reiterariam o trânsito no texto de Hilst, acentuando, inclusive, a tensão entre a realidade e a sua apreensão.

HILDA HILST E O SEU PENDULEAR **147**

Hilda canta nossas entranhas, nossos órgãos, nossa pele, nosso esqueleto. É como se cada um deles possuísse uma alma na matéria de que são feitos, mesmos os mais ínfimos, mesmos os mais obscenos. Ela canta também as funções vitais que nos fazem vivos e ao mesmo tempo perecíveis. No entanto, a percepção do corpo nunca se limita a si própria. Por isso o erotismo de Hilda, por mais engraçado que às vezes se mostre, possui uma natureza propriamente ontológica. Dele partem os sinais e os sentidos. Dele transfigura-se aquilo que nomeamos, desajeitada e incompletamente por falha congênita dos conceitos, amor, sofrimento, morte, crenças e também angústia. Dele partem os mistérios ásperos que nos envolvem continuamente e dos quais fingimos sempre, de modo tão patético, ignorar a existência. (Coli, 1996, p.5)

Presente em diferentes intensidades ao longo de sua trajetória poética, em *Fluxo-floema* esse recurso corporifica e evidencia uma forma de tateio-martirização de corpo e língua, de esquadrinhamento do humano e do divino singularmente construída por ser ambivalente e tender à voracidade. Para G. Bataille (1980, p.35, grifo do autor):

A experiência interior do erotismo exige daquele que a faz uma sensibilidade à angústia que fundamenta a proibição, tão grande quanto ao desejo que teve de a infringir. É a sensibilidade religiosa que une sempre estreitamente o desejo e o terror, o prazer intenso e a angústia.

Aqueles que a ignoram, ou só furtivamente conhecem, os sentimentos de angústia, de náusea e de horror vulgares às donzelas do século passado não podem conhecer a experiência do erotismo, mas também não a podem conhecer aqueles que estão limitados por esses sentimentos. De resto, esses sentimentos nada têm de doentio e estão, para a vida de um homem, como a crisálida para o animal perfeito. A *experiência interior* do homem é dada no momento em que, rasgando a crisálida, o homem tem a consciência de se rasgar a si próprio e não à resistência oposta de fora. Uma imensa revolução se produz quando é capaz de ultrapassar a consciência objetiva que as paredes da crisálida limitavam.

A experiência interior das personagens de Hilst é de alguma maneira pautada pelo contato-tatear – do escritor com a palavra, entre as personagens, da personagem com o seu corpo, da personagem com a

148 NILZE MARIA DE AZEREDO REGUERA

terra. Na relação entre Haydum e Koyo, ela é dramatizada pela (auto) dilaceração, que poderia aludir a certa (auto)devoração, sendo um processo de perquirição do ser e de defecção-dissecação do (seu próprio) corpo carnal. Por vezes acentuada pelo arrebatamento, esta busca da personagem pode ser encontro, ainda que provisório, mas também estupor, distanciamento ou inanição – o "núcleo" será atingido? O "NADANADA" é passível de ser decifrado, apreendido, deglutido?

Nesse sentido, o toque entre as personagens, o toque (fetichista) da mão da escritora/do escritor em seu texto, o toque entre as palavras na folha de papel, o palco do espetáculo, dão ao espectador, por vezes didaticamente, uma *estética do corpoescritura*, que se enreda espacial e temporalmente entre o vestir e o despir, entre a permanência e a transitoriedade. Esse contato, ao acentuar a suspensão, é erótico. Tem-se, pois, um singular gesto orgânico e existencial, associado aos fluidos e contato corporais, que, segundo Bataille (1980), coloca-se entre o profano e o sagrado, ou:

> [...] entre a vida e a morte, entre a paz e a violência: a regra – que impõe ordem e disciplina à vida humana, separando-a da animalidade – e a sua transgressão nascem e mantêm-se juntas. A transgressão do tabu, que está essencialmente ligada ao erotismo, não é a sua abolição, mas o seu complemento. O tabu existe para ser violado. A transgressão erótica parece, por isso, algo de diferente e irredutível, tanto à obediência da tradição como à inovação revolucionária; ela é uma passagem do momento profano do trabalho e da fadiga cotidiana ao momento sagrado do sacrifício e da festa. A sociedade é composta simultaneamente por ambos os momentos: a suspensão do tabu na experiência erótica configura-se portanto como um trânsito [...]. (Perniola, 2000, p.64)

M. Perniola (2000), a partir da leitura que faz de G. Bataille (1980), destaca uma noção que é fundamental para o entendimento da obra e da relação de Hilst com os leitores e a própria textualidade: o trânsito. Se, por exemplo, a personagem parece "estar frita" ou se ela se encontra em um estado de opressão e de inépcia que pode se mostrar aterrorizante, o humor e a ironia promovem o deslocamento e acen-

HILDA HILST E O SEU PENDULEAR **149**

tuam o trânsito que, da perspectiva da roupagem textual, é pautado por esse processo de erotização da e com a língua – órgão e sistema de expressão, de comunicação.

Esse procedimento e essa estética, enveredados na intersecção de vida e de obra, não deixariam de colocar em cena, alegórica ou espectralmente, as *personae* de Hilda Hilst. Basta evocar a de "velha, louca e bêbada", representada em *Cascos & carícias* (1998), cuja língua, instrumento de um estratagema de evidenciação, exercitaria no contato com a sua recepção a sua própria imagética, por vezes irônica, por vezes disfórica. Dessa perspectiva, o seu corpo também adquiriria significação, como no gesto-contato que destina a seu público na capa desse livro de crônicas, iniciando a cena: na intersecção de verticalidade e de horizontalidade, o dedo-falo faz-se mão que escreve, e o que hilstianamente é oferecido pode ser "martírio-enrabamento" para certos leitores ou um convite para que, no jogo da (encenada) sedução, galopem no (seu) dorso-corpo-texto – "Tomas as minhas mãos ainda quentes, galopa no meu dorso, tu que me lês, galopa, não é sempre que vais ver alguém que é um, feito de três, assim à tua frente" (Hilst, 2003c, p.52).

Ao ter se colocado de modo enfático, por vezes radical – afirmando, por exemplo, que "[o] problema aqui no Brasil é que não se pode transgredir. Aqui no Brasil, não se pode falar de morte nem de sofrimento. Aqui no Brasil ninguém morre. Eles querem a bandalha [...]" (Gabaglia, 1990) –, Hilst explicitou também o organicismo do mercado literário e da sociedade em que vivia.[10] Como consequência, compreender a amplitude e a voracidade do seu tatear, exercido não somente nos seus textos, é compreender em que medida foram oferecidos aos narratários ou leitores a ironia, o humor, o arrebatamento e, em certo sentido, a violência numa *performance* ambiguamente sedutora e erotizada.

---

10 Em texto intitulado "No do outro não dói, né, negão?", publicado em 5 de junho de 1994, tem-se: "É inadmissível que até mesmo pessoas tidas como inteligentes, cultas, ainda rotulem de "comunistas", de "esquerda festiva" aqueles que ficam indignados diante da extrema miséria em que vivem 42 milhões de brasileiros! Isso me deixa colérica. Quer dizer que não é pra se indignar? É pra deixar que poucos enrabem muitos, que "é assim mesmo a vida", uns nasceram para ser enrabados e outros para enrabar?" (Hilst, 2007, p.234).

No contraste e na tensão advindos da língua-corpo de Hilst ou de suas *personae*, isto é, entre o que declarava no meio literário e na imprensa e o que empreendia em sua obra, as consequências de seu projeto lhe parecem ser conscientes – "aguentarás?" é o questionamento que, como se viu, reiterada e paradoxalmente foi direcionado ao leitor, exercitando encenadamente estratégias de aproximação e de distanciamento. O dedo erigido a seu leitor cumpriria dramatizadamente uma função, perturbando, assim, o *status quo*, fomentando a sua imagética, sendo, pois, excesso, simulacro – a encenação da encenação.

Valendo-se, pois, dessas estratégias, a autora foi elaborando textos em que projeções de leitores também foram apresentadas: de um leitor acostumado com o jogo autocrítico moderno; ou de um leitor interessado por *best-sellers* ou pela literatura de cunho memorialista típica da década; de um leitor especializado, que parece desconfiar do exercitar verbal que lhe era apresentado; e, como se viu, de um leitor que se choca com o texto e não com o contexto – que foi exemplarmente sujeito-objeto de seus "cascos" e de suas (irônicas) "carícias". Dessa maneira, não somente ia se delineando a imagética acerca de Hilst, mas também uma imagética acerca dos leitores, operada junto à sedução. É dessa perspectiva que se pode indagar em que medida as suas *personae* – como também a de "genial, mística e obscena" (Câmara, 2009), ou a que "está se lixando" para o público (Nunes, 1999), ou a que fica "besta quando alguém [a] entende" (Hilst, 1999) –, ao terem seduzido tipos de leitores, cumpririam papel num estratagema ou processo de (auto)evidenciação, em sua "peculiar comunicabilidade", destacando, além de temas e procedimentos, o lugar social e enunciativo do escritor, dessas *personae*:

Hilda queria atingir o leitor em todos os níveis: intelectual, sensorial e, por que não?, sexual. Uma marca comum a todos os seus textos, independentemente de seu estado de fragmentação, estranheza e irreverência, está na sua peculiar comunicabilidade.

Embora a autora tenha se preocupado em expressar uma experiência, esta não se dava a partir de um dado exterior, mas de um percurso interno (daí os constantes fluxos de consciência). Nessa viagem pelos meandros do ser, ela não poupava nada nem ninguém. Noções místicas se misturavam a vulgares considerações corporais.

HILDA HILST E O SEU PENDULEAR **151**

> Assemelha-se a um discurso de um louco, mas louco no sentido de quem atingiu um grau sofisticadíssimo de percepção, que precisa ser comunicado de um modo igualmente complexo. Difícil, por vezes, de ser compreendido. Somem-se a isso as referências filosóficas, literárias, mitológicas e religiosas que encontramos, de maneira velada ou não, em seus textos. Elas aliam-se a esse fluxo desvairado de consciência e às constantes quebras de narrativa, em que, ocasionalmente, são inseridos trechos poéticos ou diálogos dramáticos, à feição de uma peça de teatro. É no refletido afã de expressar tudo, de todas formas, que precisamos entender a estranha comunicabilidade dos textos de Hilda. E se o público se afasta da ficção "séria" e de seus livros de poesia, por que não estimulá-lo pela via do sexo? Afinal, trata-se apenas de outra faceta do humano, do demasiado humano, que a autora pretendeu descrever-nos. [...] (Pen, 2004)

Como consequência, o risco – manifesto num (dis)simulado apelo sedutor que se lança ao receptor – de um projeto como o hilstiano é o enquadramento a um dos polos, a ruptura com o dinamismo. Se essa corporeidade, com suas aberturas e fissuras, seus fluxos e floemas, deixar de ser fluida, prevalecerá:

> [...] ora um impulso em direção à unidade, à totalidade, à fusão – que se manifesta na identificação entre o erotismo e a tendência para a perda da própria individualidade –, ora um impulso oposto, em direção à profanação, ao pecado, ao mal, ao qual são reconhecidos uma dignidade e um valor autônomos. (Perniola, 2000, p.64, grifo do autor)

Caso se tenha a adesão ou a adequação a um desses parâmetros, "a dimensão do trânsito, implícita na noção de intermediário, dissolve-se assim em favor daquela tendência a transcender, a superar, a ir além, que constitui um dos aspectos essenciais da metafísica ocidental." (ibidem, p.63).

Não obstante, M. Pen (2004) – que identifica o trato da autora com o expressar(-se), inclusive por meio da imagética associada à loucura –, remete os leitores-espectadores de Hilst à relação entre espacialidade e temporalidade que se faz presente no "grande texto", na produção da autora. Se a experiência do sujeito se dá a partir de seu interior, é justamente a tensão com o exterior e com a própria obra-verbalização que a adensa e que

152 NILZE MARIA DE AZEREDO REGUERA

permite que esses elementos sejam revisitados. Até em proporções abismais, o trânsito se desenrola não apenas na consciência da personagem, dado o jorro verbal; na intersecção entre espacialidade e temporalidade, desenrola-se em seu corpo, na relação com as outras personagens, no corpo destas, na sua relação com a língua, no leitor e na sociedade. É uma "configuração saturada de tensões", que modula a relação entre interior e exterior, texto e contexto, obra e vida, dela mesma se alimentando.

Se essa configuração salienta uma perspectiva a respeito da realidade – que no pensamento benjaminiano poderia ocasionar o choque e o trauma, e, assim, suscitar a reavaliação da história –, na oscilação, outras também se instalam. O choque entre essas vozes não permite a aplainação, visto que o trânsito é por entre as ruínas e os alicerces da tradição, especialmente a ocidental, cristã. É por esta razão que o discurso metafísico não promove a ascese ou a apreensão, mas, sobretudo, revela a busca. Em "Floema", como se destacou, isso se dá tanto por parte do humano quanto do divino, o qual, coerentemente à perspectiva hilstiana, está desprovido do lugar que a tradição lhe reservou:

> [...] Koyo, o pórtico vedado, nada sei, NADANA-DA do homem, se estás à minha frente nem te vejo, melhor, só sei de ti porque subiste na minha unha e levantei o pé, és assim mesmo? Eu não te fiz assim quando te fiz, éramos iguais iguais em tudo, antebraço de pedra, peito extenso. Não sei de abóboras, Koyo, me diz como ela é, fiz muitas coisas e agora não me lembro, fiz umas coisas peludas, outras incandescentes, belo o pelo, belo o fogo, fiz muitas coisas redondas, quase tudo, mas talvez só entendas o semicírculo, não vês que continua mais abaixo e assim se fecha em círculo. Mas abóboras, não sei. É matéria calada, ou fala como tu? Tu pões coisas na boca, trituras com os teus dentes e depois joga fora? Eu não te fiz assim. Alento, gozo de abrir e fechar, gozo do movimento, para gozares sempre. Preenchi o vazio como o que tive à mão. Não sei nada das coisas que me dizes. Tentemos. (Hilst, 2003c, p.226-7)

HILDA HILST E O SEU PENDULEAR **153**

A semelhança que fora contemplada desde a criação do homem por Deus, como na "Gênesis", na tensão entre o diálogo das personagens é conduzida, numa primeira visada, por essa indagação acerca da existência: ambos procuram respostas. No ritualismo na/ da fala da personagem, elementos relacionados a terra e à religiosidade – como o fogo, o círculo, o semicírculo, a cerimônia litúrgica – erigem-se como ruínas, no entrecruzamento de verticalidade e horizontalidade, delineando espacialmente o corpoescritura, palavra a palavra, gesto a gesto. À medida que Koyo também dirige os seus questionamentos a Haydum, esse tatear, transpassado pela paradoxal (a)temporalidade do procedimento paródico que faz coexistir *mesmo* e *outro*, suscita o não-saber. Se em "Lázaro" o saber que se mostrava não-saber, resultando em conflito, era relacionado à esfera humana, ao narrador-personagem, em "Floema" ele também o é à divina – o que permite a Koyo reiterar o desnível da relação de ambos, afirmando a Haydum que este lhe "rouba" o tempo (importunando ou fazendo envelhecer?):

> [...] E como posso cortar a tua fronte? Olha como treme a minha mão. Tremo, só de pensar o que pedes. Haydum, sabemos entre nós que as abóboras têm formas variadas mas nem sabemos por quê, sabemos que a forma, quer dizer, o formato (inconsequente?) das abóboras, talvez seja controlado ela direção do comprimento, mas não sabemos como isso é feito. Somos para o teu olho como as abóboras, Haydum? Abóbora é cor de... uma cor de fogo. Se eu te disser que a cor da abóbora é entre a laranja e o ocre, se eu te disser, não, não entenderás. É coisa que fizeste como alimento, mastigamos, engolimos depois, e depois expelimos. Também têm feições variadas, muitas cores, uns olham para o alto e ficam cegos, outros, Haydum, a maior parte não olha, a maior parte das abóboras, quero dizer dos homens que fizeste, não vê, olho estufado, cego. Na verdade mais funda querem ver. Não posso ficar muito tempo por aqui, rouba-mes o tempo, quero muito te ajudar, nem sabes, falando das abóboras talvez... talvez entendas. (ibidem, p.232-3)

154 NILZE MARIA DE AZEREDO REGUERA

A "abóbora", alimento, expõe, assim como a língua, o objeto de decifração em sua corporeidade – casca espessa, corpo- "matéria calada" a ser ritualisticamente digerido. O ritual, pautado pela organicidade do corpo das personagens, de seus fluidos e de sua matéria, conduz inicialmente à martirização e às ações e aos mecanismos relativos ao processo digestório – na escatologia hilstiana, decifrar é digerir as abóboras-homens, o que as realidades mental e a social apresentam, devolvendo-lhes estilhaços, a não-adequação. Essas "etapas" pelas quais se dá a busca-indagação são, numa *performance* específica, desencadeadas pelo ato da personagem de (se) tocar e de (se) cortar – um gesto-sedução que relaciona e contrasta o divino ao humano, fazendo com que se tenha o ato de ver "com o olho". Este olho, contudo, "estufado", pode ser "cego" – Koyo parece ser nesse sentido dotado de um saber ou uma experiência que, mesmo na busca-tentativa de decifração, diferencia-o dos outros homens.

A sedução desse chamamento à (auto)martirização indicia também a ambígua densidade do que se encena – matéria "dele(i)téria" ou irônica, densa ou escassa.[11] Nessa ambivalência, notam-se também os papéis que são atribuídos aos leitores, os quais, a partir do chamamento do sujeito, ao encararem essa matéria, supostamente teriam que, de uma forma ou de outra, "reagir" – entre a inércia e a ação, entre o silêncio, a estupefação e o riso –, inclusive por um movimento, uma *performance* orgânicos.

---

11 No diálogo com os seus interlocutores, com a tradição e o mercado literário, evocam-se espectralmente certas referências. Pode ser esse o caso da matéria "grossa, esbranquiçada, lenta" da barata de *A paixão segundo G. H.*, de 1964, bem como os atos de seduzir e de olhar/ver. Em C. Lispector o expressar(-se), direcionado por um contato com a palavra e com o mundo, destaca-se, assentando, naquele momento, um trato com a escritura que Hilst, ao matizá-lo com o acirramento e a desestabilizadora ironia, reconfiguraria em *Fluxo-floema*. Num breve contraste entre os textos, pode-se, inicialmente, notar que no hilstiano o toque no "NADANADA", assim como a história prometida de Osmo, vai sendo agônica, ambivalente e ironicamente postergado; destaca-se, pois, a busca, a tentativa de decifração. No clariciano, tem-se a ênfase abissal e martirizante no/do próprio contato da narradora-personagem com o nada – o ato proibido de tocar no que é imundo", "o vivo e úmido" (Lispector, 1996, p. 11-2, 47).

HILDA HILST E O SEU PENDULEAR 155

O chamado sedutor da personagem, da autora ou de sua *persona* para que se adentre-galope no corpoescritura e que se tenha a almejada apreensão ou decifração-deglutição, indicia a matéria que o compõe, as suas vestes ou camadas – "córtex, arquicórtex, mesocórtex, neocórtex" (Hilst, 2003c, p.235). O toque ritualizado nessa corporeidade caracteriza o processo de erotização presente em Hilst – o ambivalente tatear com a língua, na língua, da língua –, que poderia ser relacionado ao que M. Perniola (2000) denomina "panejamento". O contato do sujeito-escritor com aquilo que apresenta, o contato entre as próprias palavras acentuam, como no contato entre o corpo nu e as roupas que o encobrem, a oscilação entre os dois polos – saber e não-saber, aproximação e distanciamento, ocultação e explicitação. Se "o que conta não é o estar nu, mas ser corpo, carne, matéria" (Perniola, 2000, p.98), no panejamento reside uma *estética* que ilumina a disposição do tecido no corpo, na matéria, e que fomenta um contato-toque que é sedutor e erótico – o que dá corporeidade ao exercitar metafísico-existencial hilstiano. É dessa perspectiva que tanto "as profundas cavidades formadas pelo tecido do hábito [de religiosos]" quanto o jorro ou a ostentação vocabular "repetem as dobras de um corpo que se oferece ilimitadamente, que convida a rebuscar, a abrir, a fender" (ibidem, p.102). O "panejamento" dá-se, assim, a partir do chamado sedutor que se lança à personagem, ao receptor, para que nesse fluxo ela/ele nele adentre – mesmo que seja por meio de um erótico ou violento gesto violador:

> [...] Koyo, descansei, mas no descanso também sofro dessa angústia de ser, e no escuro da noite ME PENSEI. E vi matéria vasta, e quando digo matéria já te penso pensando na matéria em que pensas. Não é como tu pensas. Tive certeza de que um outro igual a mim, um outro pleno, se faria ao meu lado. Koyo, não entendes, não posso ter pensado assim, insistes na garganta, mas foi apenas um instante que pensei preencher algum vazio. Corta, Koyo, estou intacto, desde sempre sou esse que tu vês. Não vês? Afunda com mais força, levanta acima da cabeça o teu punhal, golpeia muitas vezes. Desde o início

156 NILZE MARIA DE AZEREDO REGUERA

te falo, emudeci, e nada me propões. Qual é o pé
onde estás? [...] Se por acaso estás aí onde disseste,
é porque tens alguma coisa a resolver comigo. Fala
mais alto. [...] Tens a faca, abre, já te disse. Usa esse
de nove miligramas, esse que acaba com o todo.
Alguma coisa deves renunciar, luta comigo. Tenta.
Quem sabe se me enganas, falas do teu esforço, mas
não estás deitado? Usa a linguagem fundamental,
usa o esteio, o formão sobre o cobre, usa o teu sangue, estás me ouvindo? Isso é matéria moldável,
não é nada, estás subindo acima do que entendo, te
espraias, estás me comprimindo, onde é que tem a
cabeça? Sou teu nervo. Sou apenas teu nervo. Com
ele, toco o infinito. Não sei da garganta Fica ao
redor de ti? Apenas canta? Me louva? Então come
de mim, me comendo me sabes. Não medita. Suga.
Vai até a seiva, até a sutileza. (Hilst, 2003c, p.227-9)

O convite à (auto)fissuração, à (auto)martirização lançado pelo
divino caracteriza tanto uma erotização oriunda do contato com o
próprio corpo ou com o corpo do outro, quanto um sedutor, fascinante
ou veemente apelo ao desvendamento, contemplados inclusive através
dos órgãos relacionados ao processo digestório e ao expressar(-se) –
garganta e língua. Nesse chamado para que se adentre e aprofunde na
matéria-corpoescritura, há uma ritualização que ao fissurar, desfigurar,
destruir a face, suscitaria o desejo que a impulsiona e que a relaciona
à violação da "aparência à procura de uma verdade mais essencial, de
uma pureza mais radical, de um absoluto" (Perniola, 2000, p.92). Esse
desnudamento ou essa violação não implicariam, todavia, a apreensão
do corpo nu, dessa essência – ou aquilo que a tradição logocêntrica
projetou como o "significado transcendental" –, de modo a gerar
prazer, encontro, fusão, e, nessa perspectiva, gozo.[12]

---

12 J. Derrida, em suas reflexões, coloca em foco o legado saussuriano e os paradoxos
do mesmo, discutindo, entre outras, a noção de "significado transcendental",
em favor do qual a rede de diferenças em que se baseia o signo cessaria: "Ora, a
"língua usual" não é inocente ou neutra. Ela é a língua da metafísica ocidental

HILDA HILST E O SEU PENDULEAR 157

Se, como afirma Haydum, "tudo tem nome e ao mesmo tempo não tem" (Hilst, 2003c, p.229), ele, ao descansar depois da criação e "se pensar" – numa *performance* que parodia a gênesis –, vale-se de um discurso que, também marcado pela dúvida, parece influenciar Koyo, espiralando-se em busca do "significado transcendental", da apreensão-gozo, e, no trânsito entre a exterioridade e a interioridade, pode centripetamente aprofundar-se na "matéria moldável", nos fluidos, no corpo deitado de Koyo, na espacialidade do corpoescritura. Se aquilo que Haydum vê na realidade e na relação com Koyo se faz "estilhaço do todo [...], fragmento do nada. [...] Rochoso, escarpado" (ibidem, p.229), o seu gesto tautológico e ritualizado de nomeação-criação, sob o prisma logocêntrico, é falho e deixa arestas-ruínas na topografia do sujeito. Como consequência, ainda que Haydum esteja em Koyo, sendo o seu "nervo", não há indistinção, fusão, encontro; ainda que Koyo se valha de instrumentos de seu "cerimonial" – a "faca", "o [remédio?, a droga?] de nove miligramas", o "esteio", o "formão", a "linguagem fundamental", o "sangue" – para alcançar ou decifrar Haydum, ele não tem êxito, já que a certeza é falaciosa, a linguagem que pode seduzir também pode gerar desconfiança, dúvida, conflito, tensão,

---

e transporta não somente um número considerável de pressupostos de toda a ordem, mas pressupostos inseparáveis e, por menos que se preste atenção, pressupostos que estão enredados em um sistema. Pode-se destacar os efeitos disso sobre o discurso de Saussure. [...] é por isso que: [...] a manutenção da distinção rigorosa – essencial e jurídica – entre o *signans* e o *signatum* [...] deix[a] em aberto, de direito, a possibilidade de pensar em um conceito *significado em si mesmo*, em sua presença simples ao pensamento, em sua independência relativamente à língua, isto é, relativamente a um sistema de significantes. Ao deixar aberta essa possibilidade – e ela está no princípio mesmo da oposição significante/significado, isto é, do signo – Saussure [...] se rende às exigências clássicas daquilo que propus a chamar "significado transcendental", o qual, em si mesmo, em sua essência, não remeteria a nenhum significante, excederia à cadeia dos signos, e não mais funcionaria, ele próprio, em um certo momento, como significante." (Derrida, 2001, p.25-6, grifo do autor). Para ele, "a história da metafísica [...] impôs e não deixará de impor a toda ciência semiológica essa exigência fundamental de um "significado transcendental" e de um conceito independente de língua; essa exigência não é imposta a partir do exterior por alguma coisa como "a filosofia", mas por tudo aquilo que liga nossa língua, nossa cultura, nosso "sistema de pensamento" à história e ao sistema da metafísica" (Derrida, 2001, p.26).

158 NILZE MARIA DE AZEREDO REGUERA

arbitrariedade, violência. Reitera-se, pois, nessa busca que caracteriza o discurso metafísico-existencial em *Fluxo-floema*, o pendulear. Nesse ritual de encaração-toque, a fenda-fissura que se abre como convite sedutor ao adentrar(-se) é matizada com voracidade vernacular, deixando ver a gestualidade, o peristaltismo do que a modulou – recurso que não deixaria de promover o contato com o próprio contexto ditatorial. Essa veemência parece impulsionar o desejo criador ou devorador:

> [...] Talvez te agrades do meu pensamento. Mas até quando? Se a cada instante uma fibra viva te percorre, não cansas? Se eu resolver que a minha vida é pergunta e palavra, se eu resolver dizer e perguntar até o sempre, para que a vida faça a própria casa em mim, se eu resolver falar desmedido para todo o sempre, aguentarás, Haydum? [...] Aspira levantando a cabeça, não é rápido esse gesto, aspira muitas vezes, breve, sem ruído, não é fácil, aprendi tudo com as garras que me deste. Cheiro. Garra. Cheirando vou sabendo. A comida. A morte. O caminho para te procurar. Agarro. Vê, estou aqui, ninguém mais está. Seguram-me, não importa, apenas eu estou. Mostra-te, Haydum. Não é ponta nem tem órbita? É cilíndrica? É fusiforme? Se a luz atravessa forma o quê? É móvel? Se reflete e se refrata? Qual é o teu lado raso? Água-viva-luz? O da superfície me escapa. E se eu usar lentes de diâmetros diferentes? Me escapas. O contorno também. O oco. O inclinado. O dedo afunda nisso que não é ponta nem cilindro, nem órbita tem? E se eu usar o traçador para te serrar? O maior, esse que serra o tronco dez vezes eu. Se é matéria mole o traçador rasga, espirra o mole. Vê bem, estou contente da fluidez que me provocas. Não te faças de nojo, de recusa, aprende a explicar o mudo. (Hilst, 2003c, p.238-40)

O diálogo-martírio que se desenrola entre Koyo e Haydum parece, paradoxalmente, adiar – ou, nesse sentido, suspender – a almejada decifração: a "linguagem fundamental", que se relaciona ao gesto performático e performativo de Deus na criação do homem e do mundo, se presente, torna-se de certa maneira ineficaz, visto que se há o nomeado, há também o "NADANADA", o vazio, aquilo que "não tem nome", a fenda, a cicatriz, a morte. A arbitrariedade, incutida no ato nomeador ou no ato criador, deixa ver o desejo ou o pressuposto de se controlar ou "expli[car o] mundo" – o que, em certo sentido, aludiria ao desejo

HILDA HILST E O SEU PENDULEAR **159**

relacionado à tradição metafísica ocidental, tal como comentada por J. Derrida (2001), e ao embasamento desta no "significado transcendental", a uma suposta origem que seria passível de reconhecimento e que na tradição cristã é relacionada a Deus.

Mesmo que se "fal[e] desmedido", que se tenham incessantes "perguntas e palavras" ou "lentes de diâmetros diferentes", a encaração – evidenciada enquanto processo – é agônica, marcada pela diferença – para Koyo, o divino é que deve "aprende[r] a explicar o mundo", "aguenta[r]". Se, como foi dito a Moisés, no capítulo 33 do "Êxodo", a face de Deus não pode ser contemplada em virtude de Sua plenitude, ou da ordem/ordenança que Dela emana, no texto hilstiano, ainda que as personagens isso almejem, ela não pode ser vista ou enxergada devido, sobretudo, à ruinaria, ao redimensionado desnível da relação de ambas, ou, até mesmo, à (encenada) arbitrariedade presente no gesto criador. Se Haydum diz se apresentar "sempre inteiro" ou compartilhar com Koyo algum saber para que "aprend[a] o que desaprendeste", para que nele faça a sua morada, o gesto a ele direcionado se vale da sedução e, assim, do caráter apelativo e autoritário de Seu discurso – o que contrasta com o percurso de Koyo rumo à almejada apreensão e ressalta o desentendimento decorrente do(s) uso(s) que faz(em) da língua:

> [...] Limpa o vazio que preenchi. Deves poder limpar, porque tudo que eu fiz, fiz para o teu gozo, limpo para sujares, sujo para limpares. Não te afastes do nódulo que aprendemos juntos. Sim, Koyo, aprendemos juntos, é a primeira vez que sou chamado e entendo. O passo é um salto que dás quando te moves? Não entendo. Estou todo dentro, de perfil também sou de frente, sou sempre inteiro, usa a linguagem fundamental, sem essa que disseste. Chama-se língua, essa? Não, nada tem a ver com o que eu digo, te fazes catacumba, cripta, deixa a tua morte para depois. Se ali estaremos juntos? Como posso? Nada é junto de mim, nada é distante. Abarco o meu próprio limite. Ronco, pata, casco, tudo é distante, mas pelo som deve ser

160 NILZE MARIA DE AZEREDO REGUERA

perto. Pata vibra, ronco vibra, casco é raso mas vibra
porque toca. Voltemos àquela que disseste, cor de
fogo. Agora me exasperas repetindo Palavra. Cala,
Koyo, elabora o mundo. (Hilst, 2003c, p.230-1)

O conflituoso afastamento que vai se delineando de Koyo em
relação a Haydum, que lhe "escapas", é pautado por uma defecção
que vai lhe remetendo ao contato com a terra, o visceral, o orgânico, o
animalesco. Se antes a "abóbora", objeto de decifração, remeteria ao
contato inicial entre ambos, agora ela faz eclodir a jornada de decifração
de Koyo – a sua *via dolorosa* –, cujo saber, que também é sentir, nessa
martirização, é diferenciado ao do próprio divino:

> [...] Me agacho. Haydum me deu força, empurro terra dentro da boca
> desse que me enoja, o corpo-filho-outro nada meu, NADANADA de
> mim, espio, me arrasto sobre os goivos, entro no charco, agora o visgo,
> tudo se agarra a mim, invadi o cerco do sapo, coaxam sobre os meus pés,
> estou imundo, lavo-me. Se pensam que perdi, ganhei. O vozerio se afasta.
> Estendo as pernas nas úmidas beiradas e começo outra vez: é assim que
> agradeces, Haydum, os que te buscam? Me queres ferido, apaziguado,
> fluido manso por dentro, olho cobiçoso para o teu ser que se faz mudo?
> Me queres descarnando a tua unha ou arrancando a minha? Surdo-mudo
> Haydum, chacal do medo, vilão, ainda te agarro, ainda hei de me adentrar
> no teu de dentro, e ter fogo para cortar, não ficarás para sempre no gozoso,
> na tua própria matriz indevassada, gozando teu saber, Haydum-Hiena, a
> mim me devorando. Dá-me tempo. Num instante anoitece. A garganta
> vibra. Será preciso cantar? (ibidem, p.242-3)

A não-adequação de Koyo, que vai se fazendo "catacumba", "crip-
ta", divagando e transitando da materialidade à fluidez, é ressaltada no
contato com Haydum, com as pessoas, e, de certa maneira, marcada
pelo autoritário e opressor intuito de se "adequá-lo". Da perspectiva
da sociedade, ele deveria deixar o seu "ócio", a sua "febre"-riqueza
vocabular, a sua "teia de amor" e se enquadrar em outra – a teia eco-
nomicamente produtiva –, que supostamente dar-lhe-ia sustento para
a sua família e lucros:

HILDA HILST E O SEU PENDULEAR **161**

[...] Guarda os teus fios de seda. Se enxergam a tua teia, vão te puxando sempre. Enterra, Koyo, essa teia de amor, é bom usares cal antes da terra, cal, porque, já te explico, alguns têm a mania de escarafunchar o que não veem, e se descobrem os teus fios de seda, é mais um Koyo, entendes? Enterra na terra, não em ti. Entra na fila. Na hora do recreio, bem, isso é um conselho, chega mais perto: mete. Ou limpa as tuas escovas. Da roupa, do dente, do cabelo. Vai limpando, isso descansa. Enche o teu ócio, horta também é bom, a cultura das batatinhas é excelente, dá muitas pragas, mas se tiveres cuidado, o olho em cima, o pó que mata dá grandes resultados, quem sabe o tomate, é bem difícil, esse sim, é preciso ter cuidado, mas que alegria depois, já pensaste Koyo, se usasses a febre que tens, em alqueires de tomate? O importante no tomate é fazer trabalhar a família. Depois... os lucros. (ibidem, p.47-8)

Koyo-túmulo alegoriza, em sua material fluidez, o ritualismo de uma linguagem que, não sendo "a fundamental", a divina-criadora ou a indecifrável, instaura e reitera a sua "teia de amor", em busca da decifração. Acirram-se, pois, núcleos tensivos presentes em textos anteriores:

[...] olha, Koyo, eu tinha amigos poetas, uns coitados, na penúria sempre, entraram nesse negócio da palavra e do traço e ficaram ricos. Há muitas portas, bate na certa, falo em nome de todos, ARRANCA sempre, a floresta é amiga quando se entra armado. CAMINHO, CAMINHO, os ossos à mostra. Haydum, um gozo não me tiras: NADANADA de mim quando me tomares, nem os ossos. Estou novamente no centro, paliçadas ao redor, essa casa-parede avança, vai me comprimindo. Porco-Haydum: tentei. (ibidem, p.249)

Ambas as perspectivas que se direcionam a Koyo se valem, em certo grau, de um discurso sedutor e de uma veemência que martirizam o seu corpo, a sua língua. Se esta, instrumento de expressão do poeta/artista, pode, da perspectiva dos que lhe aconselham, propiciar lucros, bens materiais e, assim, satisfação, gozo, da perspectiva da experiência interior, ela daria corpo e voz à busca, ao trânsito entre sucumbência e resistência. Se Koyo parece não bater na porta dita "certa" ou aderir a um tipo de discurso, cedendo àquela "maldição do criador", a sua indagação-busca parece, todavia, não se findar – o "amor" que é devoção e entrega, também é apego e resistência. Nesse sentido, ele pode gozar, isto é, apossar-se

162 NILZE MARIA DE AZEREDO REGUERA

do que apresenta, resistindo, no espiralado jogo tautológico, à resistência que lhe é imposta, aos olhares avaliativos de Haydum e da sociedade. No cruzamento de discursos e de perspectivas, a arbitrariedade advinda do divino – o qual "cobiça" Koyo, o seu "de dentro" – indicia que na sedução haveria também um ato de usurpação: na visão de Koyo, Haydum é "chacal do medo", "vilão", "Hiena". O divino, nessa reconfiguração disfórica, quer se fazer encarnado e comprime Koyo-corpo-túmulo-ruína. Há, contudo, no pendulear hilstiano, o prisma irônico, dado pela frustração que acentua a não-adequação da personagem e dessa mesma relação: o gozo de Koyo pode ser então, nesse jogo, fluidez, não permitindo que nem o vazio nem a essência se plenifiquem – se "Porco-Haydum" se aproxima, Koyo-objeto-ruína de desejo pode ser "obstáculo" à usurpação ou à devoração – fragmento--estilhaço que penetra o divino.

Se, como ressaltado, Hilst reitera a "experiência cotidiana da contradição e da fratura" (Süssekind, 1985, p.57), Haydum e Koyo reiteram junto à sedução, ao erotismo e à veemência, o caráter ambivalente da língua, que engendra movimentos de resistência. Na tensa e paradoxal relação que se estabelece com a teia econômica, política e social, com as forças nela atuantes, esse sujeito escritor – que além de encarnar a *persona* hilstiana, traz espectralmente à cena narrativa os seus interlocutores e os outros narradores-personagens ou eus-textuais – poderia dramatizar um papel ambíguo e não menos representativo na literatura do último século: a de "droga" – remédio e veneno –, de *phármakon*:[13]

---

13 Diversos autores focalizaram essa questão, entre eles J. Derrida (1995), que empreendeu uma leitura de Platão (1999), especialmente de "Fédon". Entre outras questões, acentua que o *phármakon*, ao suspender as oposições nas quais se baseia a tradição logocêntrica – como, por exemplo, o bem e o mal, o dentro e o fora, o belo e o feio –, instauraria a própria "indecidibilidade", e que, em detrimento desta, privilegiou-se ao longo dos séculos a ênfase em uma das acepções desse termo, relacionando-se a escrita ao caráter negativo. Embora o nosso olhar não tenha se detido no estudioso argelino, vale ressaltar o fato de que Derrida (1995) e Perniola (2000), em suas abordagens, destacam que a adesão a um dos termos ou das acepções dessa relação implicaria o detrimento da sua complexidade, da sua insolubilidade, do seu jogo.

HILDA HILST E O SEU PENDULEAR **163**

Chamava-se *pharmakós*, na Grécia, o bode expiatório sacrificado (morto ou expulso) para purificar a cidade dos males que a afligiam. Com tal objetivo, um certo número de indivíduos degradados e inúteis era regularmente mantido em Atenas, por conta do Estado. [...] tal costume [...] consistiria exatamente no exercício de uma violência ritualizada que purifica e protege a comunidade do desencadeamento de uma violência ilimitada e total; na raiz dessa teoria está o pressuposto de que só a repetição ritual da violência, ao provocar um efeito catártico e benéfico, afasta e preserva a sociedade da barbárie. O sacrifício humano ou animal (enfim, o que implica o derramamento de sangue) é o único *phármakon*-remédio ao *phármakon*-veneno da violência generalizada [...]. (Perniola, 2000, p.55, grifo do autor)

O ritual de expiação e de purificação que o "bode expiatório" encarna poderia remeter ao do poeta, do artista, sobretudo se for considerado o trânsito entre o gesto político de não-adequação ao sistema e a "maldição" a que eles poderiam aderir. Recorrente em sua produção, essa *performance* seria por Hilst retomada, salientando, no corpo da escritura, a rede de tensões. Veja, por exemplo, como ela fomentou a sua imagética ao valer-se da *persona* "puta":

Minha vontade é a de colocar cada vez mais poesia neste meu espaço, para encher de beleza e de justa ferocidade o coração do outro, do outro que é você, leitor. Porque tudo o que me vem às mãos através dos jornais, tudo o que me vem aos olhos através da televisão, tudo o que me vem aos ouvidos através do rádio é tão pré-apocalipse, tão pútrido, tão devastador que fico me perguntando: por que ainda insistimos colocar palavras nas páginas em branco? [...] Enquanto não forem feitas reformas políticas e econômicas essenciais e, principalmente, leitor, um ardente coração, um dilatar-se da alma do Homem, tudo ficará como está. Podem me chamar de louca, de fantasista, [...] até de... Não sei se vocês sabem, mas "Puta" foi uma grande deusa da mitologia grega. Vem do verbo "putare", que quer dizer podar, pôr em ordem, *pensar*. Era a deusa que presidia à podadura. Só depois é que a palavra degringolou na propriamente dita e em "deputado", "putativo" etc. Se eu, de alguma forma com os meus textos, ando ceifando vossas ilusões, é para fazer nascer em ti, leitor o ato de pensar. Não sou deusa, não. Sou apenas poeta. Mas poeta é aquele que é quase

164 NILZE MARIA DE AZEREDO REGUERA

profeta [...] ("In dog we trust ou mundo-cão do truste", 25 jun. 1994, in Hilst, 2007, p.243-5, grifo da autora)

Se, nessa saga, há a "puta", que ordena, fazendo "pensar", e serve ao gozo dos que lhe pagam, há também esse sujeito-estilhaço – a *persona* Lázaro-Osmo-Ruiska-Haydum-Koyo-unicórnio-Hilst, personagem espectral – que em seu "amor"-apego pela língua goza dela, com ela, tateando a sua materialidade e com esta convivendo entre o riso e o desespero, a ação e a inação.

Como consequência, "o efeito catártico e benéfico", que socialmente legitimaria o ato de violência em relação ao não-adequado, não se faz presente à maneira da Antiguidade. Essa "catarse", entendida como um contato-busca que pode se dar inclusive no corpo do espectador--narratário, é tão ambivalente quanto a sedução e a martirização. Se na Antiga Grécia esse "bode", o não-adequado, morria ou era afligido em favor da adequação-expiação da sociedade, em Hilst, ele, encarnado--encarado por esse(s) sujeito(s), insistentemente retorna, promovendo, inclusive, um contato com a rede de forças vigentes, a imagética do artista/criador e o organicismo desse sistema. No corpoescritura, encena-se, pois, um ambivalente ritual de "expiação", pelo qual o sujeito, em seu gozo com a língua, convoca "aquilo que foi deixado de lado", espectralmente presentificando a alteridade. Assim,

[...] a espectralidade faz com que algo rebaixado e recalcado pela ciência e pela religião [e, acrescentemos, pela tradição] retorne com insistência perturbadora, assombrando as certezas e revelando que sempre estivera lá, mesmo que reprimido, [...] por ser uma manifestação que mobilizará as ordens do ideal e do sensível sem se reduzir a nenhuma delas. O espectro do pai de Hamlet, na tragédia shakesperiana, se tornou uma das figuras mais eloquentes dessa "falha" da metafísica, pois pertence tanto ao espírito quanto à matéria. (Santos, 2005, p.259)

A insistência desse "recalcado" em se presentificar na fala e no corpo da personagem, na escritura de Hilst, acentua a paradoxalidade da indagação metafísico-existencial, o seu caráter performativo. Se

HILDA HILST E O SEU PENDULEAR **165**

ilusória ou almejadamente projetou-se a apreensão da essencialização ou da origem, com base no gesto nomeador e arbitrário da língua – e em relação com este, no gesto criador de Deus –, ao instaurar o trânsito e a impossibilidade de adesão plena a um dos significados, o não-adequado ou o recalcado alegoriza, em sua singular materialidade (ou materialização), o martírio resultante do chamado sedutor à decifração. No corpoescritura, os espectros – os interlocutores de Hilst e as *personae* que no contexto ditatorial se projetaram para esse sujeito ou criador como possibilidade de mudança, em sua ação ou sua verbalização –, na tensão entre presença e ausência, "espírito" e "matéria", na intersecção da temporalidade, ecoam insistentemente a inexorável condição de *apego* à língua. Assim, se ela é desejada ou necessária, dela também não "se escapa", sendo, pois, "droga".

O sujeito, que é "condenado" e que em seu (fetichista) apego ao expressar(-se) e à materialidade deste e de seu corpo "condena-se", imprime uma expiação que parece não evitar ou eliminar o fato de que uma violência maior possa se presentificar, podendo, inclusive, nisso residir um viés irônico. Se na Antiguidade essa fora a justificativa para o ritual expiatório, na atualidade, no contexto de produção, de publicação ou de leitura de *Fluxo-floema*, nota-se que ela, embora almejada, parece não ser mais plausível, visto que o sujeito em sua condição de vagueação não é liberto de sua saga de defecção, tendo apego por ela. Koyo--phármakon, sendo foco do olhar avaliador da sociedade e da divindade, faz-se, em sua fluida matéria dele(i)téria, trânsito: se da perspectiva econômico-social reinante ou de uma esperada verbalização-atuação, ele parece ser "improdutivo", em seu indagar-decifrar-sentir ele se mostra singularmente "produtivo", podendo, até mesmo, "ostentar". Nesse sentido, essa língua que poderia levar à ascese, ao provocar e *ser* falha-fenda-fissura promove a defecção – um ritual de ruinamento, de contato-gozo, de prazer e possessão.

No pendulear hilstiano, essa saga se reatualiza. Em "O unicórnio", ela é focalizada junto ao animalesco e a uma estratégia que provê um tipo de encarceramento à personagem e ao espectador. O contato com a verbalização, permeado pelo representativo e reiterado desejo de escrever, dá-se num longo diálogo entre duas personagens e que

166 NILZE MARIA DE AZEREDO REGUERA

pode sugerir ao leitor-espectador um "embuste", pois quem detém
a palavra – Hilda Hilst?, suas *personae*? –, ao se colocar na condição
daquele que escreve, parece, num primeiro momento, ter poder sobre
ela. É o que se nota desde o início do texto:

> [...] Estou dentro do que vê. Eu estou dentro de alguma coisa que faz a
> ação de ver. Vejo que essa coisa que vê algo que traz sofrimento. Caminho
> sobre essa coisa. A coisa encolhe-se. Ele era um jesuíta? Quem? Esse que
> maltratou a Teresa D'Ávila? Sim, ele era jesuíta. Vontade de falar a cada
> hora daqueles dois irmãos. Isso te dá prazer? Não, nenhum prazer. Eles
> eram malignos. Ela amava as mulheres. Mas isso não tem importância e
> talvez não dê malignidade a ninguém. Dizem que todos os pervertidos
> sexuais têm mau caráter. Dizem, eu sei. Você acredita? Acredito sim. No
> aspecto físico ela era uma adolescente sem espinhas. E ele? Espere, quero
> falar mais dela. Muito bem, espinhas então. Isso não é tudo. Quando ela
> me falava de sexo, debaixo da figueira, eu começava a rir inevitavelmente.
> Que coisa saberia do sexo aquela adolescente tão limpinha? E depois, veja
> bem se era possível levar a sério: ela usava uma calcinha onde havia um
> gato pintado. Quê? Juro. (Hilst, 2003c, p.148)

Se em "Floema" o tatear se faz infinda e ritualizada busca-martírio,
em "O unicórnio" ele é exercitado por uma inicial e aparente dominação em relação à palavra, à rememoração e aos sentimentos por
elas gerados: a narradora-personagem diz saber o que quer contar ao
seu ouvinte – que parece ser do meio artístico – e o que este ato lhe
proporciona. "[D]entro de alguma coisa que faz a ação de ver", ela
estaria em situação diferenciada – o que evocaria a presença do não-
-adequado em Hilst. Esse caráter de dominação da língua e do ato de
rememorar – que pode ser simulação –, na estruturação quiasmática
vai se reconfigurando à medida que a verbalização da protagonista
é erigida num entrecruzamento de discursos e de histórias, do qual
se destaca o relato acerca do casal de irmãos púberes que conhecera:

> [...] Naquela tarde eu dizia uns poemas na biblioteca da cidade, em
> memória de um amigo poeta. Ela disse: é bonita a sua poesia. Eu fiquei
> comovida, eu me comovo com tudo. É, vê-se, vê-se. Combinamos que

HILDA HILST E O SEU PENDULEAR **167**

ela ia à minha casa. Foi. O irmão também. Vi que ele amava os homens. A irmã era lésbica e o irmão pederasta? Isso tem importância? Não, não tem mas parece muita coisa numa estória, numa única estória. Mas é assim. Ela mostrou-me os seus versos. Os versos do irmão? Não, os versos dela. Eram ruins mas depois melhoraram consideravelmente. Ela tinha talento? Com bastante esforço, com tenacidade, ela conseguiria. Mas essas coisas fazem um poeta? Algumas vezes sim. Vai ser difícil sustentar aquela mãe que é uma possessiva e gorda e ainda sim com essa mãe ser bom poeta. Você está ouvindo com interesse ou devo terminar? Não, quero dizer, sim, vamos escrever essa história. Você está cansada? É que na poesia é diferente, há toda uma atmosfera, uma contenção. (ibidem, p.149)

A sexualidade dos irmãos – pederastia e lesbianismo – e o caráter "impuro" dela advinda – não somente relacionado ao corpo, mas também ao intuito de ascender econômica e socialmente – são contrastados com o desejo da narradora-personagem de propiciar uma alternativa a essa condição, até mesmo com fundação de uma "comunidade" destinada à literatura, às artes, à cultura, da qual ela seria a dirigente, ou, conforme o seu interlocutor, a "papisa".

Vai se arquitetando, sobretudo, um "embuste" de linguagem a que parece ser conduzido o leitor-ouvinte, cúmplice do relato-rememoração, da conversa fomentada por essas referências a elementos biográficos que remeteriam, no jogo realidade-ficção, ao mercado literário, a Hilda Hilst, ao seu então esposo Dante Casarini, ao seu pai e à sua mãe, aos fatos por ela supostamente vividos. Dessa perspectiva, o encontro da narradora-*persona* com a jovem irmã poderia (re)encenar parodicamente o de Hilda Hilst com Lygia Fagundes Telles e dessa maneira inúmeros "atos" – como a infância no colégio de freiras, a presença incessante do pai "louco", o contato com agentes do meio literário – acirrariam o desdobramento narrativo e as fissuras no texto:[14]

---

14 Lygia F. Telles destacou: "E vamos agora reordenar um pouco essa memória: conheci Hilda Hilst em 1949, numa homenagem que me ofereceram, já avisei, era o tempo das homenagens, eu estava lançando um livro. E a festa era na Casa Mappin, onde serviam almoços e chás que ficavam famosos, até o bar era frequentadíssimo. Eu me lembro, estava conduzindo a bela Cecília Meireles (usava um turbante negro, no estilo indiano) para a cabeceira da mesa quando me apareceu uma jovem

168 NILZE MARIA DE AZEREDO REGUERA

[...] Minha aula de aritmética: menina, preste atenção: tenho duas galinhas, uma morre, quantas ficam? Mas... por quê, irmã? Por que a galinha morreu? Então pense diferente: tenho dois lápis, um quebrou, quantos ficam? Dois. Por quê, menina? Um lápis inteiro e um lápis quebrado ou... espera um pouco, irmã... ou três, um inteiro e depois pedaços de lápis que também são lápis. A freira fica cheia de espanto, tira os óculos duas, três vezes e diz: Dio Santo, ma questa é pazza. Na aula de religião: irmã, o que quer dizer virgem no parto, antes do parto e depois do parto? O que é virgem? O que é parto? O que é antes e depois de tudo isso? Isso é para decorar, decore e pronto. Sou disciplinada, magrinha, uso tranças, tenho muita vontade de ver Jesus no Sacrário. Termino a minha tarefa antes de todo o mundo e peço licença para rezar na capela. Fixo os olhos no sacrário. Os olhos doem. Quero ser santa, quero morrer por amor a Jesus, quero que me castiguem se eu fizer coisas erradas, quero conseguir a salvação da minha alma. Seu pai é louco, é? Hi... ela tem o pai louco. Você fala com ele? Ele te morde? Não, coitado, não morde, ele só fica parado, olhando. Ele é bom, ele é lindo. Pai, você me pergunta: depois do muro, minha filha, o que é que tem? A rua, meu pai. E depois da rua? Mais ruas, pai. Ele fica repetindo, o olhar absurdo: mais ruas... mais ruas... mais ruas. (ibidem, p.202)

É como se houvesse um "magnetismo" que dissimuladamente lançasse ao polo receptivo índices para que se pudesse ilusória e "seguramente" trilhar o caminho interpretativo:

[...] O seu companheiro? Você ainda não falou dele. Ele é o rosto que eu jamais terei. É limpo. Gosta da terra, dos animais. Olha, já sei a estória toda: vamos cruzar todos os personagens e depois um desfecho

---

muito loura e fina, os grandes olhos verdes com uma expressão decidida. Quase arrogante. Como acontece hoje, eram poucas as louras de verdade, e essa era uma loura verdadeira, sem maquiagem e com os longos cabelos dourados presos na nuca por uma larga fivela. Vestia-se com simplicidade. Apresentou-se: "Sou Hilda Hilst, poeta. Vim saudá-la em nome da nossa Academia do Largo de São Francisco". Abracei-a com calor. "Minha futura colega!", eu disse, e ela sorriu. Quando se levantou, bastante emocionada para fazer o seu improviso, ocorreu-me de repente a poética imagem da haste delicada de um ramo tremente de avenca, aquela planta um tanto rara e muito cultivada pelas freiras" (*Cadernos...*, 1999, p.14-5).

HILDA HILST E O SEU PENDULEAR **169**

impressionante. Qual desfecho? A tua morte, a morte do companheiro seria a vitória da malignidade. Não, não, não mate o rosto limpo do companheiro. A minha morte está bem. A MINHA MORTE. Sabe, uma estória deve ter mil faces, é assim como se você colocasse um coiote, por exemplo, dentro de um prisma. Um coiote? É, um lobo. Eles são tão inteligentes, eu dizia para o meu companheiro. Quem, os coiotes? Não, os dois irmãos. Tão humildes. O pai é um esquizofrênico, a mãe uma possessiva gorda, o pai é louco, o pai é louco. Você sabe que o meu pai também era louco? Ah, é? (ibidem, p.149-50)

Essas "pistas" presentificadas pela memória e ao longo do diálogo – que aos olhos de certos narratários ou leitores-espectros, também projetados no texto, poderiam favorecer a empatia ou uma sensação de controle, de apreensão do tempo, da realidade e do próprio ato interpretativo – vão, todavia, mostrando-se ruínas, fomentando a tensão entre a transitoriedade e a conservação. Por um lado, a rememoração ensejaria o intuito de preservar ou ordenar o vivido e a experiência interior por ele gerada, bem como um movimento de resistência à inexorabilidade do tempo, ao envelhecimento – a narradora-personagem "quer existir sob a proteção de uma memória, e ao mesmo tempo ficar no seu canto" (ibidem, p.186). Por outro lado, no decorrer do texto, ficcionalizada, a rememoração seria evidenciada em sua impossibilidade: ao ser pautada pela língua, que é "deficiente" (ibidem, p.211), pode ser vazio, silêncio, "MORTE".

Em "O unicórnio", que é o texto mais longo de *Fluxo-floema*, a (im)possibilidade de (se) verbalizar, de rememorar, no cruzamento de verticalidade e de horizontalidade, de tempo e de espaço, acentua o desejo de apoderamento do vivido e a consequente condição falaciosa do mesmo. Se em sua horizontalidade vai se pontuando a metamorfose daquela que expressa num unicórnio, em sua verticalidade, dada pela estrutura abissal, pelo entrecruzamento de discursos, pelas palavras maiúsculas, a autorreferencialidade vai imprimindo um contato com o material apresentado. Esse processo de cruzamento é acentuado pela evocação paródica oriunda da tensão entre o vivido e o ficcionalizado, de maneira que os elementos relacionados à biografia de Hilst refe-

170 NILZE MARIA DE AZEREDO REGUERA

renciem um tipo de apego ou aprisionamento ao "CORPO CORPO CORPO" (ibidem, p.151), à situação descrita, ao contexto, estando a narradora-personagem de "coração exposto" (ibidem, p.157), devido ao seu "olhar intenso sobre as coisas" (ibidem, p.161) e ao seu desejo de "integrar-se na coletividade", de "se comunicar com o outro" (ibidem, p.187) fundando a sua "comunidade":

> [...] Eles me sugaram, sugaram aquilo que sobrevivia em mim, sugaram a minha fé, deixaram só o lixo em mim. Seria preciso matá-los. Sai dessa faixa, eles abriram um caminho novo, você nem podia escrever o que está escrevendo se não fosse por eles, se não fosse por eles você estaria banhada de ternura e ternura não é nada bom quando se escreve. Nem paixão, nem amor. Quando se escreve é preciso ser lúcido anteparo, lembra do poema, ouro e aro na superfície clara de um solário. Então, então. A irmã lésbica beijava-me as mãos muitas vezes. Que prazer, hein? A papisa gosta que lhe beijem as mãos, a papisa é safada, caracol de silêncio, mas safada, caracol de humildade, mas safada, caracol de bondade safada. Você sabe que eles ficaram com todos os meus livros? Não devolveram nenhum? Um só: "o herói de mil caras". Eles também sabem quem eu sou, mil caras sim senhores, mil caras para suportar, gozar e salvar mil situações. (ibidem, p.168)

A tessitura do texto é híbrida, parecendo imprimir na página em branco um exercitar que se fez presente no modular dramático e que ganharia amplitude, como se destacou, em *Fluxo-floema*. É como se esse texto, em seu longo espaçamento ou em sua espacialidade singulares, fosse o terreno-corpo-matéria de cultivo de núcleos--abrolhos, que presentificaria textos vindouros: o envelhecimento e a relação deste com a memória e a língua contundentemente movem *A obscena senhora D.*; a sexualidade relacionada ao não-adequado e ao ambíguo e desconstrutor gozo de corpo e escritura destacam-se, em enredos distintos, em *Cartas de um sedutor* e em *O caderno rosa de Lori Lamby* (1990b).

Valendo-se aparentemente de um discurso mais "decodificável", em virtude, sobretudo, dos apontamentos biográficos, "O unicórnio" não se renderia, contudo aos mesmos, pois se há "pistas", há também "embustes". A "safadeza" da escritora, caracterizada no olhar avaliativo e cerceador de seu interlocutor, no seu intuito em se fazer entender – e, em certo sentido, "gozar" do que isso lhe proporcionaria – aponta a sua condição de apego à língua ou à decifração, e o processo de fragmentação que levaria à sua "metamorfose" – o que acentua a ineficácia de sua resistência ao tempo, ao envelhecimento:

> [...] Entendi, mas você não explicou direito por que cada um dos lados do teu rosto tem vontade de matar o outro, ou em qual situação essa vontade se faz mais forte. É assim: quando eu começo a escrever, a minha irmã lésbica tenta matar o que existe de feminino no seu irmão pederasta e ao mesmo tempo ela revitaliza o seu próprio núcleo masculino. Hi... Preste atenção, ou melhor, não preste atenção mas... olhe, a tarefa de escrever é tarefa masculina porque exige demasiado esforço, exige disciplina, exige tenacidade. Escrever um livro é como pegar na enxada, e se você não tem uma excelente reserva de energia, você não consegue mais do que algumas páginas, isto é, mais do que dois ou três golpes de enxada. Por isso, nessa hora de escrever é preciso matar certas doçuras, é preciso matar também o desejo de contemplar, de alegrar-se com as próprias palavras, de alegrar o olhar. É preciso dosar virilidade e compaixão. E se você deixasse a rédea solta para o seu irmão pederasta? Não, nunca, veja bem: se ele não é Proust, nem Gide, nem Genet, há o risco de uma narrativa cheia de amenidades. E se eu deixasse a rédea solta para a irmã lésbica, o máximo que sairia... vejamos, talvez "O Poço da solidão". [...] eu sou o que todos nós somos, eu sou um rosto tripartido à procura de sua primeira identidade. Ahn. (Hilst, 2003c, p.175-6)

O incessante chamamento aos interlocutores – além dos mencionados Catulo, N. Kazantzakis, M. Proust e F. Kafka, A. Gide, G. Stein, T. Mann, J. Genet, M. R. Hall –, a indagação acerca do ofício de escrever em contraste com o seu desejo, a estilhaçada experiência pessoal, o contexto, as nuances do mercado, do editor, e o que fora produzido na tradição literária ocidental, seriam esses núcleos-abrolhos recorrentes e que marcariam o exercitar hilstiano, cotejando-o com o discurso vigente e com a paradoxal (a)temporalidade. Nessa busca há um apelo à espectralidade, a uma atuação que (dis)simula:

172 NILZE MARIA DE AZEREDO REGUERA

[...] Olha, um amigo meu, dramaturgo, encheu-se com essa frase da Gertrudes: uma rosa é uma rosa é uma rosa. Ele teve outra ideia? Sim: um homem com seu revólver passeava no seu jardim cheio de rosas. De repente ficou louco: pum, pum, pum, pum, pum, pum e enquanto as rosas caíam esfaceladas aos seus pés, ele gritava: uma rosa não é uma rosa, não é uma rosa, não é uma rosa, não é uma rosa. Pare. Isso é bom. Muito bom. Safada, hein? Safada sim, porque na verdade você queria dominá-los, você queria discípulos. Não, eu não queria, eu queria fazer a nossa comunidade, juro. E você de papisa, você no meio do seu jardim com o seu revólver. Não, não. No seu jardim muito perfumado, cheio de rosas vivas, cheio de gente. Você os matou, você lhes tirou toda a decência. Safada. Pare, pare. (ibidem, p.162)

Nessa encenação com a palavra, a partir dela, pode se presentificar ainda uma desestabilizante ironia ou um humor singularmente corrosivo que, como se viu, poria em coro modos de escrever, de expressar(-se). Assim, evocam-se, numa citação reforçadamente explicitada ou uma ostentação verbal, textos como A metamorfose, "Chapeuzinho Vermelho", São Bernardo, "O ovo e a galinha", e os de autoria própria como O rato no muro, O verdugo, "Lázaro", "Osmo", entre outros, numa amalgamação de estilos e de referências. Veja-se o momento em que, no desdobramento narrativo, a protagonista- -"papisa", já em transformação, encontra-se em seu apartamento, e, nessa rede de referências, acentua o seu estado fragmentário e o seu apego à verbalização:

[...] Estou na rua, sim, senhores, estou na rua, levanto-me de um salto, tomo um táxi e vou para casa. Que alívio. Estou em casa. Trato-me. Passo Hipoglós nas minhas feridas. Ah, como eu desejaria ser uma só, como seria bom ser inteiriça, fazer-me entender, ter uma linguagem simples como um ovo. Um ovo? É, um ovo é simples, a casca por fora e a clara por dentro. Santa Maria Alacoque, nem nos exemplos você consegue ser uma só, nem nos exemplos você consegue singeleza, você não vê que um ovo é coisa complicadíssima? Ah, é? Então, eu gostaria de falar assim: ela é uma só mas na verdade ela é três e muito mais. Ela é ao mesmo tempo o chapeuzinho vermelho, o lobo, a vovozinha e muito mais. Você não vê que

HILDA HILST E O SEU PENDULEAR **173**

esse exemplo também não serve? Se você é simples você tem que contar uma pequena história simples, de uma forma simples. Então vou começar: era uma vez um rato que tinha uma enorme vontade de subir o muro. Muito bem, e depois? Ele tentava, tentava, mas o muro era muito alto e as pedras do muro muito lisas. Nas noites ele levantava a cabecinha para ver se era possível a escalada. Era possível? Para dizer a verdade, não era, mas o rato não compreendia. E daí? Daí ele passou a vidinha inteira olhando para o muro e muitas vezes ele dormia de cansaço, lógico, mas nos sonhos ele subia o muro. Aí era uma beleza, lá em cima tudo era maravilhoso, mas acontece que ele sonha todas as vezes que dorme e depois de algum tempo o sonho torna-se angustiante porque ele já viu toda a paisagem [...] e ele sente que tudo isso é apenas uma pequena parte de um mundo novo, que devem existir outras coisas ainda mais belas e aí ele deseja... Ter asas? Não. Ele deseja, no sonho, que o muro fique mais alto, ele nem pensa em ter asas, minha querida, ele é um rato. (ibidem, p.185)

Dessa perspectiva, os animais vão se colocando em cena e evidenciando que a condição humana suposta ou aparentemente não seria passível de sobreviver ao estilhaçamento, à agressão, à martirização, não se atingindo, assim, o *outro*:[15]

[...] Eu sinto dor e todos os dias recebo vários golpes que me provocarão infinitas dores. Recebo golpes. Golpeio-me. Atiro golpes. Existir com esse meu contorno é ferir-se, é agredir as múltiplas formas dentro de mim mesmo, é não dar sossego às várias caras que irrompem em mim de manhã à noite, levante-se, comece a ferir esse rosto, olha, é um rosto que tem uma boca e essa boca está lhe dizendo: não se esconda de mim, olham como você é torpe, torpe, olha a tua boca escura repetindo palavras, gozando palavras, olha como as tuas palavras existem infladas de vento mas existem só para você, olha o caminho que elas percorrem, batem de encontro ao teu muro e ali mesmo se desfazem. E você pensava talvez que elas atingiriam

---

15 Para E. F. Souza (2009), sobretudo em *Da morte. Odes mínimas* (1980a), haveria um "bestiário" que promoveria um contato com a morte, os sentidos e os fluxos--pulsões que esta suscita. Assim, cavalo, elefante, rinoceronte, pássaro, onça, vaca, leão, peixe, búfalo enredam uma metamorfose que é perquirição e ambivalente encaração com a "cavalinha". Nessa relação recorrente em Hilst, "o animal que dilacera é o mesmo que se deixa acariciar" (Souza, 2009, p.225).

Vega, Canopus? Hi, hi, hi, ho, ho, ho, hu, hu, hu, hu. E olhas as tuas mãos agora manchando de preto o branco do papel, mas você pensa seriamente que alguém vai se interessar por tudo isso? Você pensa que adianta alguma coisa dizer que quando você fala da terra, não é do teu jardim que você fala, mas dessa terra que está dentro de todos, que quando você fala de um rosto você não está falando do teu rosto mas do rosto de cada um de nós, do rosto que foi estilhaçado e que se dispersou em mil fragmentos, do rosto que você procura agora recompor. Você pensa que falar sobre tudo isso adianta alguma coisa? Hi, hi, hi, há, ho, hu. (ibidem, p.172-3)

Por um lado, "O unicórnio" parece não se diferenciar do expressar(- -se) alegórico que supostamente privilegiaria uma explicitação do contexto – o que, no jogo entre vida e obra e no "embuste", ensejaria a afirmação de que ele fora produzido provavelmente em concomitância com os teatrais, como sugerido pela correspondência de Caio Fernando Abreu, sendo um dos primeiros de *Fluxo-floema* a ser finalizado. Nesse viés, notável é o momento em que a sempre-questionada protagonista – com "sarna", índice corporal de sua transformação e de sua não- -adequação –, em sua tentativa de aproximação-decifração dos irmãos, depara-se com a limpeza e a organização do sistema, e a consequente impossibilidade de ser compreendida, reatualizando o confronto entre as personagens do modular dramático e o espaço físico-social a que é destinado cada uma, e o pressuposto capitalista de ser social e econo-micamente produtivo em meio a "AÇÕES, PRODUÇÃO, SALÁRIO, QUOTAS, SIGLAS, MÁXIMO DE RENDIMENTO" (ibidem, p.179):

[...] Enfim, estou em casa. Tomo três aspirinas. Os dois irmãos abrem a porta, sentam-se à minha frente. Ofereço biscoitos, chocolates. Não querem. Falam ao mesmo [tempo:] minha amada irmã, você não pode nos visitar na refinaria, compreenda, você vai empestear todo mundo, lá é lugar de trabalho, é um santo lugar. A superintendente toma-me as mãos: não se ofenda, queridinha, mas você não é como todo mundo, você tem essa sarna e quantas vezes eu já lhe avisei que cuidasse dela, hein? Veja bem, eu não tenho nojo de você, tanto é assim que ponho as minhas mãos sobre as suas, mas nós vivemos numa comunidade, entenda, é preciso respeitar o outro, e o outro é massa, é preciso compreender e respeitar a

HILDA HILST E O SEU PENDULEAR **175**

massa. Balbucio: a massa... sim... sim... a massa... é... importante. Mas veja bem queridinha – o conselheiro-chefe continua – você parece distraída e esse é um assunto que deveria te alegrar, afinal você não quer escrever? Você não quer integrar-se na coletividade? Você não quer se comunicar com o outro? Escreva sobre a nossa organização, sobre a nossa limpeza, você viu como tudo funciona com precisão? Estou com os olhos cheios de lágrimas: olhem o que vocês fizeram, olhem os cacos de vidro no meu corpo. Você não está enxergando bem, não são cacos de vidro, nós já lhe dissemos, é sarna, queridinha, não se arranhe desse jeito, não se coce, é pior, coma alguns biscoitos, tome um copo de vinho, descontraia-se, não fique franzindo o focinho assim, não coce as orelhinhas tão compridas, fique lá no canto, vamos, vamos. (ibidem, p.186-7)

O animalesco, o inumano acentuariam a não-adequação do sujeito vagueador, martirizando-o singularmente: o corpo e o seu organicismo se transformam enquanto a consciência diante da realidade e o apego ao expressar(-se) tendem a permanecer. Contudo, no movimento de resistência que abala a adesão ao contexto, a ironia e o humor hilstianos matizam singularmente a personagem e a sua situação, fazendo com que ela, em sua mentalidade, em sua "paixão", em sua não-conformação à estrutura social, busque outros meios para concretizar o seu desejo de ser compreendida, inclusive por aqueles que "espremeram um cigarro aceso no [seu] ânus" (ibidem, p.198). É, então, que afirma dever "aproveitar essa situação um pouco extravagante [...] para fazer uma série de reflexões sobre a vida em geral e sobre [ela mesma] em particular" (ibidem, p.199):

[...] E preciso dizer a você que o apartamento é desses de sala, banheirinho, kitchenette e um pequeno corredor. Para ir ao banheiro será preciso entrar no corredor e virar à direita, mas isso é impossível, não posso fazê-lo, meu tamanho é qualquer coisa de espantar, sei finalmente que sou alguém de um tamanho insólito. Olho para os lados com melancolia, fico parado durante muito tempo, estou besta de ter acontecido isso justamente para mim. Recuo e o meu traseiro bate na janela, inclino-me para examinar as minhas patas mas nesse instante fico encalacrado porque alguma coisa que existe na minha cabeça enganchou-se na parede. Meu Deus, um corno. Eu

176 NILZE MARIA DE AZEREDO REGUERA

tenho um corno. Sou unicórnio. Espera um pouco, minha cara, depois da "Metamorfose" você não pode escrever coisas assim. Ora bolas, mas eu sou unicórnio, é preciso dizer a verdade, eu sou um unicórnio que está fechado no quarto de um apartamento na cidade. Mas será que você não pode inventar outra coisa? Essa coisa de se saber um bicho de repente não é nada original e além da "Metamorfose", há "Os rinocerontes", você conhece? Começo a rezar. O unicórnio reza? Quero te explicar direitinho: quero rezar mas não consigo ficar de joelhos, e nem consigo juntar as patas. Aliás, não é preciso. Faço mentalmente a seguinte oração: Jesus, Santo Corpo, me ajude, me ajude a resolver esse estranhíssimo problema, o senhor veja, eu nem posso ser unicórnio porque a minha amiga aqui está dizendo que outros já foram coisas semelhantes, de modo que não é nada bonito pretender ser o que os outros já foram. Não seria melhor que o senhor me transformasse numa coisa mais original? Quem sabe se será melhor voltar a ser eu mesma, porque eu mesma sou insubstituível, eu mesma sou só e mais ninguém, o senhor compreende? E ser um unicórnio é... não sei, a espécie já está quase extinta e tenho medo. É, peça com fervor tudo isso, Jesus vai te ajudar, um unicórnio é uma coisa chata, um unicórnio... é... uma ideia burguesa. Burguesa? É, burguesa sim. Por quê? Ora, porque só um burguês pode ter essa ideia. Ahn... Olha, vamos pensar noutra coisa, não resfolegue assim, sente-se por favor. (ibidem, p.189)

Esses recursos promovem um redimensionamento da trajetória da personagem, dessa "heroína" idealizada pelos interlocutores em seu diálogo-debate, permitindo o contraste entre dois momentos na mesma – antes e depois da metamorfose –, e favorecendo um contato com a tradição moderna, os seus precursores, os seus valores, as suas utopias. Como foi salientado, esse contato também é estabelecido com o leitor-espectador ou narratário, cúmplice da transformação e da "paixão" da personagem, e se considerado o desdobramento instaurado no texto e o circuito paródico, poder-se-ia notar um coro de vozes que tanto evocaria a presença de Hilda Hilst quanto a de suas *personae* e de seus interlocutores, em meio ao sedutor chamamento aos irmãos, e aos prováveis leitores do(s) texto(s) que escreve para que fundem aquela "comunidade". Têm-se, pois, histórias dentro de histórias. A narradora-personagem conversaria com um interlocutor

HILDA HILST E O SEU PENDULEAR 177

ou (esquizofrenicamente) com ela mesma, em sua labiríntica mente, em sua busca pela palavra-idealização? A sua rememoração seria ficção? Atendendo, de certa maneira, a esse chamamento, não se pode deixar de observar o processo de martirização da figura do criador – poeta e divino. A simultaneidade em "O unicórnio", que coloca num mesmo espaço discursivo-corpóreo a realidade e a ficção, projeta para a plateia a dramatização desse contato. Como foi visto nos outros textos, Deus pode ser "um porco com mil mandíbulas escorrendo sangue e imundície" (ibidem, p.165), mas também pode ser O que dispõe uma perspectiva acalentadora para a menina que Nele crê, e para o unicórnio que (se) emula – mesmo que este venha a se frustrar. Se em "Floema" essa atuação engendra, sobretudo, um questionamento do divino, por meio de um sedutor, erótico e voraz apego-apelo ao corpoescritura, em "O unicórnio" ela propicia a reconfiguração da figura do criador no corpo do animal. Não sendo "bode" nem "rinoceronte", o unicórnio é, pois, o "cordeiro" da vez, e, em virtude de sua não-adequação ao seu apartamento, ao meio social, é deslocado ao zoológico:

> [...] Alguém me dá um tapa no traseiro, volto a cabeça, começo a tremer enquanto o zelador grita: sai daí menino, não faz assim, o unicórnio não é de ferro. Começo a descer os degraus e aos poucos vou sentindo uma dor insuportável no ventre. Ah, não é possível, é uma cólica intestinal, paro, mas o grito de alguém que me viu pela primeira vez faz com que eu solte abundantes excrementos líquidos pelos degraus. Começa a gritaria [...]. O mau cheiro faz cambalear o ajudante do zelador e eu mesma estou a ponto de morrer. A rua. O vento nos meus quatro lados. O vento no meu focinho enorme. Estou melhor, estou muito melhor. Um caminhão para me levar ao parque. Uma rampa tosca para que eu possa subir. Estou muito comovido porque vou ficar pela primeira vez em contato com toda a espécie de gente, quero tanto conseguir amigos, vou fazer o possível para que me amem, sei que é difícil porque o meu aspecto não é lá muito... vamos dizer, não é lá muito normal, mas posso ser engraçado se quiserem, posso levantar a cabeça de um lado a outro, posso revirar os olhos para que saibam que eu estou entendendo cada palavra, ah, eu vou conseguir amigos, eu sei que sempre foi muito complicado falar com

178 NILZE MARIA DE AZEREDO REGUERA

as pessoas, mas em mim essa dificuldade não foi falta de amor, isso não, foi talvez a memória de certas lutas, a agressão repentina daqueles que eram meus irmãos, mas estou certa de que a maior culpa coube a mim, eu tinha uma voz tão meiga, tinha um rosto anêmico, um olhar suplicante e todas essas coisas fazem com que os outros se irritem, afinal ser assim é ser muito débil para um tempo tão viril como é o nosso tempo. Ora pipocas – um amigo me dizia – agora é preciso tomar atitudes práticas, agora é preciso agredir, agredir sempre para que fique visível aquilo que nós queremos, agora é preciso matar, meu doce-de-coco, arranjar um lugar e tatatatatatatatatatata no peito, na cabeça, no coração. Eu revirava meus olhos redondos: mas será que não há outra maneira de conseguir o que nós queremos? (ibidem, p.193-4)

Poder-se-ia contrastar a metamorfose-martírio do unicórnio e a sua defecação com o que na contemporaneidade M. Seligmann-Silva (2005, p.40), a partir de J. Kristeva (1989), relacionou à transformação da própria arte, identificando nela a presença do "abjeto" – aquilo que, relacionado ao "cadáver", ao "corpo-matéria", e revelando "a falta como fundadora do ser", suscita a violência dos limites e a encenação como os seus elementos característicos. Dessa perspectiva,

A encenação do abjeto tende a retraçar o ato originário – o assassinato do pai, diria Freud – que se encontra na base dos tabus, das leis e da cultura. Nela a exclusão-separação é o gesto central: separação entre o dentro e o fora, entre o sujo e o limpo [...]. A pele, os seus orifícios, dejetos e fluidos são os suportes privilegiados dessa arte abjeta; o corpo é um campo semiótico dividido em zonas [...] Se o corpo só se torna limpo com a perda da matéria fecal, essa separação reencena a separação originária. (Seligmann-Silva, 2005, p.41)

Não somente a defecação do unicórnio, a sua "escatologia", a caracterização grotesca, o apego das outras personagens ao corpo, a tensão ou o contraste entre os vocábulos ostentados permitiriam em sua resistência ao *status quo* que fossem identificados elementos "abjetos". Haveria um ritual associado a esse peristaltismo, em que a defecação-jorro poderia ser de palavras-estilhaços. Nesse sentido,

HILDA HILST E O SEU PENDULEAR 179

se "a teoria do abjeto como escritura do corpo [seria] um elemento central da nossa contemporaneidade" (Seligmann-Silva, 2005, p.42), notável é a amplitude do que se dramatiza-"martiriza" em *Fluxo- -floema* e da consequente e ambivalente "catarse" gerada no polo receptivo devido ao fato de que, na literatura brasileira, no final da década de 1960, nele já se opera de um tipo de tatear que, de modo geral, seria contemplado como procedimento nas décadas seguintes – como, noutra escala, em a *A fúria do corpo* (1989), de João Gilberto Noll, publicado em 1981.

Nessa perspectiva, o não-adequado que defeca fragmentos e deixa ver o seu desnível em relação às demais personagens, o seu saber e o seu sentir, seria o "meio", a corporeidade em que fluem resistência de utopias, a busca pelo entendimento:

> [...] Agora sei. Tudo isso, todo esse grande amor me estufando as vísceras, todo esse silêncio feito de alfinetes, essa contração dolorosa no meu estômago, esse encolher-se e depois largar-se como um existir de anêmona, essa língua que devora e que ao mesmo tempo repele o mais delicado alimento, esse olho liquefeito, esse olho de vidro, esse olho de areia, esse olho esgarçado sobre as coisas, tudo isso em mim é simultaneidade, é infinitude, é existência pulsando e convergindo para Deus não se sabe onde, para o mais absoluto, ou o mais vazio, ou o mais crueldade, o mais amor, ai de mim expulsando as palavras como quem tem um fio de cabelo na garganta, ai ai ai. Guardo tudo, todas as invasões, ai como invadiram o meu mais humilde expressar-se, como me tomaram pelos pés e me sacudiram como se sacode um saco de ração para as galinhas, como cuspiram sobre uma suavíssima armação de seda, como as gentes sorriem quando o outro é assim atormentado e generoso como... como o quê? Como ninguém, como todas as gentes, como alguns, como um só. (Hilst, 2003c, p.212)

Se, na tradição cristã, o cordeiro seria martirizado para a expiação de todos os pecados, em Hilst, a expiação, como foi destacado, não promoveria necessariamente a purificação. O ritual de martírio por que passa a personagem/*persona*-criadora pode tanto se relacionar com o contexto quanto evidenciar o caráter paradoxal do expressar(-se) –

possibilidade de contato, de entendimento; separação-corte-fissura, com suas "estacas", seu "vértice", seus "talos", seu "corno":

[...] A verdade é que... sabem, eu vou dizer mas eu gostaria que vocês não sorrissem, é muito importante para mim que vocês não sorriam. Feito? É o seguinte: se eu descobrisse uma maneira de me exprimir, se eu descobrisse a chave, se eu descobrisse a ponte que me ligaria a vocês, se eu... oh! oh! tenho uma, uma ideia, tenho uma excelente ideia: vou tentar formar palavras com esses restos de verdura. Não é maravilhoso? Abaixo a cabeça com muito esforço, com a ponta do corno escolho alguns talos ainda verdes. Meu Deus, eu acho que vou conseguir escrever novamente e vou escrever de um jeito que vocês vão entender. Estou tão contente, estou tão espantado de ter tido essa ideia, estou tão feliz, estou... vou começar, vou passar o dia inteiro nessa tarefa, sinto que o sangue circula rápido pelo corpo, sinto, sinto... oh, agora não consigo mais me exprimir, não faz mal, sei que é assim mesmo, quando a pessoa não escreve a muito tempo fica até difícil de dizer que vai começar a escrever, não, não vou escrever nenhum romance, vou simplesmente escolher uma palavra para... quem sabe para o começo de um poema, ah, eu tinha um poema tão bom, era assim:

> Era uma vez dois e três.
> Era uma vez um corpo e dois polos:
> alto muro e poço. Três estacas
> de um todo que se fez, num vértice
> diáfano, noutro, espessura de rês
> couro, solo cimentado, nem águas
> nem ancoradouro.

Não, não quero escrever nada muito triste. Vou começar a minha palavra, eu sei que vocês vão achá-la bonita, sobem o que é? sabem? é a palavra AMOR. Como estou contente como estou contente como estou contente, é incrível como esse delicadíssimo Jesus me ajudou, acho que Ele viu que eu fiz tanto esforço para não ofender ninguém, acho que no fundo Ele sabe que esse jeito de ser não é agressão, não é ódio, não, que esse jeito de ser é um jeito de quem não sabe ser outra coisa. Estou escrevendo, estou quase terminando a palavra AMOR, estou escrevendo, meu Deus, agora é a última letra, agora . . . .

HILDA HILST E O SEU PENDULEAR 181

.... O zelador. Abre a porta
de ferro: EEEEEEE, BESTA UNICÓRNIO, hoje resolvi varrer a tua
imundície, que fedor! Não! Por favor! Não! Agora não! Mas um unicórnio
não sabe dizer. Me aproximo dele, reviro os olhos, encosto o focinho no
seu rosto, o zelador empalidece, começa a varrer com rapidez e diz meio
encabulado: EEEEEEEE, BESTA UNICÓRNIO, está querendo me
foder? Por favor, senhor zelador, nem pensei nisso, não, não, mas por
favor, não destrua minha palavra, não apague minha palavra, não, não
leve embora a minha palavra. (ibidem, p.216-8)

A não-adequação do unicórnio em sua cela no zoológico, em seu
próprio corpo-moribundo faz que com ele busque a melhor maneira
de se verbalizar e ser almejadamente amado; entretanto, isso parece
ser incapaz de levar ao contato com o outro, à compreensão por este.
Se ele se erige como "BESTA" – "irracional", "desprovido de saber",
ou, até mesmo, "sem originalidade" (Houaiss, 2009) – o seu apego à
língua se revela em jorro como uma *crença:*

[...] Agora escutem, sem querer ofendê-los: acho que estou morrendo. Da
minha garganta vêm vindo uns ruídos escuros. O zelador está voltando,
ele está dizendo: EEEEEEEE, BESTA UNICÓRNIO, você está bem-
esquisito hoje, hein? Um ruído escuro. Um ruído gosmoso. O zelador está
mais perto, me cutuca o focinho: EEEEEEEE, BESTA UNICÓRNIO.
É verdade, eu estou morrendo. E eu quero muito dizer, eu quero muito
dizer antes que a coisa venha, sabem, eu quero muito dizer que o que eu
estou tentando dizer é que... eu acredito eu acredito eu acredito eu acredito
eu acredito eu acredito eu acredito eu acredito eu acredito eu acredito
eu acredito eu acredito eu acredito eu acredito eu acredito eu acredito eu
acredito eu acredito eu acredito eu acredito eu acredito eu acredito eu acredito
eu acredito eu acredito eu acredito eu acredito eu acredito eu acredito
eu acredito eu acredito eu acredito eu acredito eu acredito eu acredito
eu acredito eu acredito eu acredito eu acredito eu acredito (Hilst, 2003c, p.219)

O desfecho é, portanto, ambíguo: na morte, fruto do martírio-
-isolamento, ter-se-ia, talvez, a possibilidade de contato-decifração;
ou, perturbadoramente, reiterar-se-iam a violência e o isolamento. O

182 NILZE MARIA DE AZEREDO REGUERA

espaço é, pois, alegórico: instaurado na convergência de forças e de tensões, a cela do unicórnio é a do corpoescritura, que, ao suscitar a possibilidade da crença, do entendimento, da decifração-apreensão, seduz o espectador – aquele que "com o olho", voyeuristicamente, tem observado o ruinamento-gozo – para que nela adentre e toque esse/o sujeito-criador. Dessa maneira, seriam oferecidos a quem foi encarado a resistência e o gozo, estando, então, o espectador-*persona*, na condição de apego, no jogo de corpo e língua, "encarcerado". No papel-lugar do outro, a ele também restaria a vagueação entre vida e morte.

Nessa reconfiguração obsedante de *Fluxo-floema* destaca-se o seu lugar-espaço: no cruzamento da horizontalidade-diacronia da produção hilstiana e do que até então fora feito em nossa literatura com a verticalidade-sincronia da (a)temporalidade paródica, do que se ergue no/do corpoescritura. Essa "invulgar capacidade criadora" de Hilst, que em seu exercitar ou em sua ostentação singularmente promove a coexistência de vocábulos relacionados a distintos paradigmas, foi, em certa perspectiva, reconhecida pela fortuna crítica:

> As *Ficções* de Hilda Hilst constituem uma experiência que, na perspectiva da literatura mundial, não será rigorosamente inovadora (poderíamos pensar, entre outras referências possíveis, por exemplo em Joyce, na literatura do absurdo, no Expressionismo alemão, no próprio *Phantasus*, de Arno Holz). Mas, de qualquer modo, a tentativa insólita de Hilda Hilst é, ao que sabemos, única, em língua portuguesa, e é preciso constatar que a sua realização exigiu uma invulgar capacidade criadora. (Gersão, 1977, p.97)

As palavras de Teolinda Gersão acerca dos textos publicados na década de 1970 iluminam um dos aspectos ou dos movimentos presentes na escritura hilstiana e exemplificam o "embuste" dado ao polo receptivo – a adesão advinda da presença simuladamente explícita dos interlocutores modernos, em especial os europeus. Todavia, compreender – ou, pelo menos, *tentar* compreender – a ambivalência, a amplitude e, em certos casos, a voracidade que articulam o projeto

HILDA HILST E O SEU PENDULEAR **183**

de Hilda Hilst-criadora implica se enveredar no jogo do/no corpoescritura, do movimento pendulear que o engendra, considerando não apenas as "pistas" oferecidas, mas os estancamentos e as inovações da literatura nacional e os contextos dos quais os sujeitos-"criadores" hilstianos emergem. Dessa perspectiva, implica, nessa encenação, aceitar o papel-embuste que (dis)simulada e sedutoramente é oferecido – numa trajetória que leva do olhar ao tatear, ser sujeito-enunciador, ser criador-decifrador, num gesto performático e performativo.

Se os textos de *Fluxo-floema* promovem um contato com o contexto ditatorial, destacando o papel ambivalente do sujeito diante do verbalizar(-se), a tensão disso oriunda alegorizaria a tentativa de aprisionamento que a língua – e não somente o contexto – exerceria(m) sobre o sujeito – seja ela Hilst, *persona*, personagem, narratário, leitor. O encarceramento do unicórnio e o seu padecimento em virtude de seu apego explicitariam, nesse sentido, o lugar enunciativo que caberia a esse sujeito, bem como a sua saga "de amor".

O aprisionamento gerado pela língua dar-se-ia, pois, por um movimento de resistência, que indiciaria o caráter irônico e falacioso desse contato,e na perspectiva retomada por J. M. Gagnebin (2006), a relação deste com o morrer ou a morte. Se, como afirmou o unicórnio, "a língua é de vidro e a cada palavra essa língua se estilhaça novamente e se recompõe" (Hilst, 2003c, p.179), os movimentos de contenção e de dispersão, de permanência e de transitoriedade apontam o processo de "ruinamento" no/do corpoescritural hilstiano, alegorizado, como no poema desse personagem, no espaço intervalar de registros e de discursos, sendo, inclusive, "martirizado" pela convergência de tensões e de magnetismo-sedução de cada um dos polos:

> Era uma vez dois e três.
> Era uma vez um corpo e dois polos:
> alto muro e poço. Três estacas
> de um todo que se fez, num vértice
> diáfano, noutro, espessura de rês
> couro, solo cimentado, nem águas
> nem ancoradouro.

184 NILZE MARIA DE AZEREDO REGUERA

Se, na visão benjaminiana, "a escritura é concebida como uma marca, uma ruína, uma cicatriz aberta pela história" e "esta, por sua vez, não é nada mais que um *acúmulo* de catástrofes, sobreposição de densas camadas de estilhaços a uma só vez altamente significantes" (Seligmann-Silva, 2005, p.126, grifo do autor), a perspectiva irônica e perturbadoramente "acalantadora" que Hilst apresenta transita entre o mal estar e o riso, os "dois polos", o "alto muro" e o "poço", não sendo "solo cimentado", "nem águas".

Nesse pendular, a produção hilstiana alegoricamente instalar-se ia entre os polos que, sobretudo no decorrer do século XX, marcaram o fazer artístico e o olhar a ele lançado. Se ao longo dele, com as transformações ocorridas, "a vanguarda [...] encontr[ou] pretextos criativos na própria cultura de massa, ou nos detritos ou emblemas dessa cultura" (Campos, 1991, p.23), chegando, pois, ao abjeto, com a sua "saída do campo da *mímesis* como *imitatio* e passagem para uma noção de arte como manifestação das pulsões: rito, performance" (Seligmann-Silva, 2005, p.59, grifo do autor), o corpoescritural hilstiano se move, contemporaneamente, em sua saga de estilhaçamento, de defecção-defecação com a sua "dele(i)téria" matéria.

De certa maneira, Hilda Hilst, suas *personae* e sua produção mostrar-se-iam uma "densa camada de estilhaços a uma só vez altamente significantes", e nesse "ruinamento" ofereceriam ou exibiriam aos seus prováveis ou desejados leitores a transitoriedade e a resistência. Se, como discorre R. Franco (1998, p.47), o *engajamento* foi uma das questões a que os artistas e os intelectuais lançaram o olhar no período pós-1964, nota-se que Hilst a aborda num longo diálogo com o século XX, não fazendo concessões a discursos direitistas ou esquerdistas. Em sua *adequação não-adequada*, ela reiteradamente apresenta um sujeito-*persona*, cujo apego à língua pode, num movimento contrário à verbalização ou à denúncia acerca do contexto repressivo, sedutora, frustrante ou até violentamente levá-lo à incompreensão e à morte. Se *Fluxo-floema*, numa perspectiva, corporificaria uma forma de resistência, a sua "não-pactuação" com qualquer um dos polos encenaria, noutro nível, a resistência à própria resistência, sendo, portanto, simulacro. Como consequência, os leitores-espectadores ver-se-iam

HILDA HILST E O SEU PENDULEAR **185**

"encarcerados" nesse trânsito – uma estrutura de dominação? –, "martirizados" ou pressionados entre os dois polos, podendo ser, assim como uma das *persona*-poeta, "cobaias" (Hilst, 2003c, p.160), padecendo ao gesto-ruína apontado por Hilst em seus *Cascos & carícias* ou aceitando as regras do jogo ficcional, gozando deste e com este.

Lidar com Hilda Hilst é, pois, lidar com essa ambivalente ostentação verbocorporal que reitera o seu incessante pendulear, fazendo com que a interpretação ou a compreensão sejam, inclusive, sedutoramente apego à língua, ilusão.

CONSIDERAÇÕES FINAIS:
ENTRE O LUDISMO E A VEEMÊNCIA, O JOGO SEDUTOR DO CORPOESCRITURAL HILSTIANO

> *Hoje, o patrimônio estilístico, formal e cultural da humanidade pode ser objeto de uma simulação que se apresenta como tal, de uma ficção que oferece, além de si mesma, os sinais da própria irrealidade. Boorstin [em The image (1964)] observa que, em toda a história do homem, se trata da primeira grande sedução na qual o fascínio do sedutor é reforçado pela revelação de seus artifícios.*
>
> (Perniola, 2000, p.141)

Retomando a trajetória que foi aqui delineada, é válido afirmar que Hilda Hilst dialoga com várias vozes-espectros. Seus interlocutores, evocados desde o final do século XIX, como na convocação ambígua de um Machado de Assis, no ludismo de um S. Mallarmé, na sugerida observação e atuação de um C. Baudelaire, colocam-se no palco da escritura, oferecendo-lhe um tatear com o corpo poético. Da primeira metade do século XX, escritores que edificaram um trato específico com a palavra – representados, sobretudo, por seus interlocutores europeus – transitam em seus textos, de maneira que a eles

188 NILZE MARIA DE AZEREDO REGUERA

seja oferecida também a visão cunhada pelos Modernistas de 1922, em especial a de Oswald de Andrade, de quem Hilst reconfigura o lúdico e o expressivo ato "digestório", desencadeado na boca-língua. Na virada para a segunda metade, estruturas são abaladas a partir do trato encenado estabelecido por G. Rosa e C. Lispector, para quem a linguagem edificaria um tipo de relação com o mundo "textual" e o "real", que Hilda acirraria ou radicalizaria. No contexto do final do século e de nossa ditadura, consciente de que estruturas ruíram e de que outras estavam abaladas ou ainda resistiam, ela dispõe um tipo de contato-texto que incorpora essa *arquitetura defectiva*, ou, revisitando V. Queiroz (2005, p.1), essa arquitetura *com* "escombros".

Observando o que foi veiculado no final da década de 1960 e ao longo da de 1970, e o que pôde neste percurso interpretativo ser, ainda que provisoriamente, visualizado em seus textos, é fato que o tatear em *Fluxo-floema* empreendido ganha corporeidade exemplar, devido o seu não-enquadramento a nenhuma das tendências ou a nenhum dos polos do movimento pendular.

Se o "contemporâneo" pode ser relacionado à *"intempestividade"* ou a um *descompasso* do artista com a sua época, o qual lhe permite "cria[r] um ângulo do qual é possível expressá-l[a], [...] fazendo perceber as zonas marginais e escuras do presente, que se afastam da sua lógica" (Schøllhammer, 2009, p.9), mostra-se inegável a contemporaneidade do que Hilst oferece, sobretudo pelo fato de ela dar, por um conjunto de procedimentos consagrados na modernidade, um corpo "dele(i) tério" à tradição.[1] Em seu tatear-contato com os leitores, a perturbação, a veemência, a violência, a ironia e o humor apresentam-se como possibilidades que levam o sujeito que lida com a língua e com o que dela vem a uma incessante situação de trânsito. Assim,

---

1 Convém ressaltar a afirmação de Giorgio Agamben (2009, p.63) implícita nesse comentário: "Contemporâneo é, justamente, aquele que sabe ver essa obscuridade, que é capaz de escrever mergulhando a pena nas trevas do presente. [...] Pode-se dizer contemporâneo apenas quem não se deixa cegar pelas luzes do século e consegue entrever nessas a parte da sombra, a sua íntima obscuridade".

HILDA HILST E O SEU PENDULEAR **189**

De um ponto de vista bastante genérico, aquilo que une essas [...] noções é uma espécie de intensificação pleonástica, de redundância, de *mise en abîme*, quase como se a experiência e o pensamento contemporâneos fossem arrastados em um vórtice paroxístico de duplicações e de autoespelhamentos ao qual não conseguem se esquivar. [...] Todavia, a importância de tais processos de autorreferência depende do fato de a autorrepresentação da sociedade ter se tornado parte essencial de sua realidade. (Perniola, 2000, p.29, grifo do autor)

Se esse apego – que, na excessiva reiteração de detalhes outrora "insignificantes", pode até parecer enfadonho – propicia um processo de martirização, a dramatização nele (dis)simulada e ritualisticamente enredada explicita a sua ambivalente condição, e, ainda, trilhas interpretativas que conduzem ao entremeio de vida e obra, de vida e morte, e que sedutoramente podem oferecer "embustes" – a almejada possibilidade de apreensão e de estancamento do tempo. Entre essa sedutora possibilidade ou "utopia" e o arrebatamento e a arbitrariedade que escancaram o fracasso e a frustração como elementos pertinentes a todo projeto de expressão, o corpoescritura hilstiano é martirizado em seu longo, irônico e penoso trânsito, não-adequando-se. Tentar compreendê-lo – ou nele transitar, aceitando o desafio lúdico e erótico de decifrar, deglutir – implica o tatear com o próprio real, com os paradoxos da sociedade, sintomaticamente evidenciados em sua caleidoscópica autorrepresentação, em sua (dis)simulação. Se esse corpoescritura convoca incessantemente o vazio, o nada, a morte, com eles lidando, num contínuo chamamento que no presente aponta o devir, ele também convoca o espectador para que, nessa rede de projeções, veja "com o olho", toque com a língua e com o coração, o seu rosto em suspensão, o seu espaço na sociedade, a sua saga "de amor".

REFERÊNCIAS BIBLIOGRÁFICAS

De Hilda Hilst

HILST, H. *Fluxo-floema*. São Paulo: Perspectiva, 1970.

_____. *Qadós*. São Paulo: Edart, 1973.

_____. *Ficções*. São Paulo: Edições Quirón, 1977.

_____. *Da morte. Odes mínimas*: com aquarelas da autora. São Paulo: Massao Ohno Editor, Roswhita Kempf Editores, 1980a.

_____. *Tu não te moves de ti*. São Paulo: Cultura, 1980b.

_____. *A obscena senhora D*. São Paulo: Massao Ohno Editor, 1982.

_____. *Com os meus olhos de cão e outras novelas*. São Paulo: Brasiliense, 1986.

_____. *Contos d'escárnio/ Textos grotescos*. São Paulo: Siciliano, 1990a.

_____. *O caderno rosa de Lori Lamby*. São Paulo: Massao Ohno Editor, 1990b.

_____. *Cartas de um sedutor*. São Paulo: Pauliceia, 1991.

_____. *Rútilo nada. A obscena senhora D. Qadós*. Campinas: Pontes, 1993.

_____. *Estar sendo. Ter sido*. São Paulo: Nankin Editorial, 1997.

_____. *Cascos & carícias*: crônicas reunidas (1992-1995). São Paulo: Nankin Editorial, 1998.

_____. *Teatro reunido*: volume I. São Paulo: Nankin Editorial, 2000.

_____. *A obscena senhora D*. São Paulo: Globo, 2001.

_____. *Cartas de um sedutor*. São Paulo: Globo, 2002a.

_____. *Exercícios*. São Paulo: Globo, 2002c.

_____. *Contos d'escárnio/ Textos grotescos*. São Paulo: Globo, 2002b.

_____. *Kadosh*. São Paulo: Globo, 2002d.

192   NILZE MARIA DE AZEREDO REGUERA

_____. *Baladas*. São Paulo: Globo, 2003a.

_____. *Da morte. Odes mínimas*: com aquarelas da autora. São Paulo: Globo, 2003b.

_____. *Fluxo-floema*. São Paulo: Globo, 2003c

_____. *Rútilos*. São Paulo: Globo, 2003d.

_____. *Tu não te moves de ti*. São Paulo: Globo, 2004.

_____. *O caderno rosa de Lori Lamby*. 2.ed. São Paulo: Globo, 2005a.

_____. *Poemas malditos, gozosos e devotos*. São Paulo: Globo, 2005b.

_____. *Com meus olhos de cão*. 2.ed. São Paulo: Globo, 2006a.

_____. *Estar sendo. Ter sido*. 2.ed. São Paulo: Globo, 2006b.

_____. *Cascos & carícias & outras crônicas* (1992-1995). 2.ed. São Paulo: Globo, 2007.

_____. *Teatro completo*. São Paulo: Globo, 2008.

Sobre Hilda Hilst

ABREU, C. F. Querida unicórnia... In: *Cadernos de Literatura Brasileira – Hilda Hilst*. São Paulo: Instituto Moreira Salles, n. 8, out. 1999. p.20-3.

CADERNOS DE LITERATURA BRASILEIRA – HILDA HILST. São Paulo: Instituto Moreira Salles, n. 8, out. 1999.

CÂMARA, B. Hilda Hilst: genial, mística e obscena. *Jornal do bibliófilo*: literatura & bibliofilia. 2009. Disponível em: <http://jornalivros.co.cc/?p=426>. Acesso em: 27 out. 2010.

CINTRA, E. C. A poética do desejo em Hilda Hilst. In: CINTRA, E. C.; SOUZA, E. N. F. (Org.). *Roteiro poético de Hilda Hilst*. Uberlândia: Edufu, 2009. p.43-67.

COELHO, N. N. Da poesia. In: *Cadernos de Literatura Brasileira – Hilda Hilst*. São Paulo: Instituto Moreira Salles, n. 8, out. 1999. p.66-79.

_____. Qadós. *Revista Colóquio Letras*, Lisboa, n.18, p.87, mar. 1974.

COLI, J. Meditação em imagens. Caderno especial. *Folha de S. Paulo*. 14 jun. 1996, p.5.

DIAS, M. H. M. Agda em dois tempos: a obsessão por corpo e a linguagem em *Qadós* de Hilda Hilst. In: CINTRA, E. C.; SOUZA, E. N. F. (Org.). *Roteiro poético de Hilda Hilst*. Uberlândia: Edufu, 2009. p.23-41.

GABAGLIA, M. R. Brincanagens de Hilda Hilst. *Diário Popular*, São Paulo, 20 out. 1990.

GERSÃO, T. Recensão crítica a *Ficções*, de Hilda Hilst. *Revista Colóquio/ Letras*, Lisboa, n.40, p.97-8, nov. 1977.

HILDA HILST E O SEU PENDULEAR **193**

GUIDO, H. Pessimismo metafísico e sensibilidade poética: algumas aproximações entre a filosofia e a poesia de Hilda Hilst. In: CINTRA, E. C.; SOUZA, E. N. F. (Org.). *Roteiro poético de Hilda Hilst*. Uberlândia: Edufu, 2009. p.191-212.

HIDALGO, L. A bendita senhora Hilda Hilst. *O Globo*, Rio de Janeiro, 19 jan. 2002.

HILST, H. Quando alguém me entende, fico besta. Entrevista a Marilene Felinto. *Folha de S. Paulo*, São Paulo, 12 jul. 1999.

MACHADO, A. "Ninguém me leu, mas fui até o fim", diz Hilda Hilst. *Folha de S. Paulo*, São Paulo, 3 jun. 1998.

MORAES, E. R. Da medida estilhaçada. In: *Cadernos de Literatura Brasileira – Hilda Hilst*. São Paulo: Instituto Moreira Salles, n. 8, out. 1999. p.114-26.

NUNES, J. A volta de Hilda Hilst. *Diário do Povo*, Campinas, 10 mar. 1999.

PAGANINI, J. Hilda Hilst em trama kafkaniana. *Jornal de Brasília*, Brasília, 17 jun. 1998.

PALLOTTINI, R. Posfácio: Do teatro. In: HILST, H. *Teatro completo*. São Paulo: Globo, 2008. p.491-517.

PÉCORA, A. Nota do organizador. In: HILST, H. *Fluxo-floema*. São Paulo: Globo, 2003. p.9-13.

————. Hilda Hilst: Call for papers. *Germina*: revista de literatura e arte. Ago. 2005. Disponível em: <http://www.germinaliteratura.com.br/literatura_ago2005_pecora.htm>. Acesso em: 24 maio 2008.

————. Nota do organizador. In: HILST, H. *Cascos & carícias & outras crônicas* (1992-1995). 2.ed. São Paulo: Globo, 2007. p.15-21.

————. Nota do organizador. In: HILST, H. *Teatro completo*. São Paulo: Globo, 2008. p.7-19.

————. (Org.). Nota do organizador. *Por que ler Hilda Hilst*. São Paulo: Globo, 2010, p.7-29.

PEN, M. Discurso de Hilst é o de louco refinado. *Folha de S. Paulo*, 5 fev. 2004.

QUEIROZ, V. *Hilda Hilst: três leituras*. Florianópolis: Mulheres, 2000.

————. Hilda Hilst e a arquitetura de escombros. *Passages de Paris 1*. 2005. p.91-101.

REGUERA, N. M. de A. A performance do narrador em Clarice Lispector e em Hilda Hilst: o narrar que (se) frustra. *Revista de Letras Unesp*, São Paulo, v.47, n.2, jul.-dez. 2007. p.185-208.

RIBEIRO, L. G. Apresentação. In: HILST, H. *Ficções*. São Paulo: Quirón, 1977. p.IX-XII.

194 NILZE MARIA DE AZEREDO REGUERA

———. "Tu não te moves de ti", uma narrativa tripla de Hilda Hilst. *O Estado de S. Paulo*, São Paulo, 16 mar. 1980.

ROSENFELD, A. Hilda Hilst: poeta, narradora, dramaturga. In: HILST, H. *Fluxo-floema*. São Paulo: Perspectiva, 1970. p.10-7.

SALOMÃO, M. Teatro de Hilda Hilst começa a ser resgatado. *O Estado de S. Paulo*, São Paulo, 28 out. 2000.

SARAIVA, J. Vulcão adormecido. *Já Diário Popular*, Rio de Janeiro, n.115, ano 3, 17 jan. 1999.

SOUZA, E. F. N. Como se morre com Hilda Hilst: lições de seu "pequeno bestiário". In: CINTRA, E. C.; SOUZA, E. N. F. (Org.). *Roteiro poético de Hilda Hilst*. Uberlândia: Edufu, 2009. p.213-39.

ZENI, B. Hilda *Hilst*. *Revista Cult*. São Paulo, n.12, ano 2, jul 1998. p.6-13.

Demais

ADORNO, T. W. A posição do narrador no romance contemporâneo. In: ———. *Notas de literatura I*. Trad. e apres. Jorge M. B. de Almeida. São Paulo: Duas Cidades, Editora 34, 2003. p.55-64.

AGAMBEN, G. *O que é o contemporâneo? e outros ensaios*. Trad. Vinícius Nicastro Honesko. Chapecó: Argos, 2009.

ARRIGUCCI JUNIOR, D. ———. Jornal, realismo, alegoria: o romance brasileiro recente. In: ———. *Outros achados e perdidos*. São Paulo: Companhia das Letras, 1999. p.77-120.

———. Arquitetura da memória. In: ———. *O cacto e as ruínas*: a poesia entre outras artes. 2.ed. São Paulo: Duas Cidades, Editora 34, 2000. p.91-150.

BAKHTIN, M. *A cultura popular na Idade Média e no Renascimento*: o contexto de François Rabelais. Trad. Yara Frateschi. São Paulo: Hucitec, Brasília: Editora da UnB, 1996. p.1-50.

———. *Problemas da poética de Dostoiévski*. Trad. Paulo Bezerra. 2. ed. rev. Rio de Janeiro: Forense Universitária, 1997. p.1-45.

BARROS, D. L. P. de. Dialogismo, polifonia e enunciação. In: BARROS, D. L. P. de. ; FIORIN, J. L. (Org.). *Dialogismo, polifonia e intertextualidade*: em torno de Bakhtin. São Paulo, Edusp, 1999. p.1-10.

BARTHES, R. Da obra ao texto. In: ———. *O rumor da língua*. Trad. Mario Laranjeira. São Paulo: Brasiliense; Campinas: Editora da Unicamp, 1998. p.71-8.

———. *O prazer do texto*. Trad. Jacó Guinsburg. São Paulo: Perspectiva, 1999.

HILDA HILST E O SEU PENDULEAR **195**

BATAILLE, G. *O erotismo*: o proibido e a transgressão. 2.ed. Lisboa: Moraes Editores, 1980.

BAUDRILLARD, J. *Simulacros e simulação*. Trad. Maria João da Costa Pereira. Lisboa: Relógio D'água, 1991.

BAUER, J. B. et al. *Dicionário bíblico-teológico*. Trad. Fredericus Antonius Stein. São Paulo: Edições Loyola, 2000. p.126-36.

BECKETT, S. *Proust*. Trad. Arthur Nestrovski. São Paulo: Cosac Naify, 2003.

BENJAMIN, W. A obra de arte na época de suas técnicas de reprodução. In: ———. *Textos escolhidos*. Trad. José L. Grünewald et al. 2.ed. São Paulo: Abril Cultural, 1983. p.4-28.

———. Alegoria e drama barroco. In: ———. *Origem do drama barroco alemão*. Trad. e apres. Sergio Paulo Rouanet. São Paulo: Brasiliense, 1984. p.181-258.

———. Experiência e pobreza. In: ———. *Obras escolhidas I*: magia e técnica, arte e política. Trad. Sergio Paulo Rouanet, prefácio Jeanne Marie Gagnebin. São Paulo: Brasiliense, 1986a. p.114-9.

———. O narrador. In: ———. *Obras escolhidas I*: magia e técnica, arte e política. Trad. Sergio Paulo Rouanet, prefácio Jeanne Marie Gagnebin. São Paulo: Brasiliense, 1986b. p.197-221.

———. Sobre o conceito de história. In: ———. *Obras escolhidas I*: magia e técnica, arte e política. Trad. Sergio Paulo Rouanet, prefácio Jeanne Marie Gagnebin. São Paulo: Brasiliense, 1986c. p.222-32.

BERGSON, H. Da comicidade em geral. In: ———. *O riso*: ensaio sobre a significação da comicidade. Trad. Ivone Castilho Benedetti. 2.ed. São Paulo: Martins Fontes, 2007. p.1-48.

BÍBLIA SAGRADA. Editora Ave Maria. Disponível em: <http://www.avemaria.com.br/editora/biblia/>. Acesso em 4 nov. 2007.

BLANCHOT, M. Kafka e a exigência da obra. In: ———. *O espaço literário*. Trad. Álvaro Cabral. Rio de Janeiro: Rocco, 1987. p.50-79.

BOORSTIN, D. J. *The image*. New York: Harper, 1964 *apud* PERNIOLA, M. *Pensando o ritual*: sexualidade, morte, mundo. Trad. Maria do Rosário Toschi. São Paulo: Studio Nobel, 2000. p.140-1.

BORBA, F. S.; IGNÁCIO, S. E. *DIC MICHAELIS*: dicionário escolar da Língua Portuguesa. Versão monousuário 3.0. Editora Melhoramentos, ago. 2008. 1 CD-ROM.

BOSI, A. Mário de Andrade crítico do Modernismo. In: ———. *Céu, inferno*: ensaios de crítica literária e dialógica. São Paulo: Duas Cidades, Editora 34, 2003. p.227-42.

196 NILZE MARIA DE AZEREDO REGUERA

CAMPOS, H. de. Uma poética da radicalidade. In: ANDRADE, O. de. *Pau-brasil*: obras completas de Oswald de Andrade. 5.ed. São Paulo: Globo, 1991. p.7-53.

CANDIDO, A. Radicalismos. *Estudos avançados*, São Paulo, v.4, n.8, 1990. p.4-18.

_____. No começo era de fato o verbo. In: LISPECTOR, C. *A paixão segundo G. H.* 2.ed. Ed. crítica. Coord. Benedito Nunes. Paris: Association Archives de la Littérature Latino-américaine, des Caribes et Africaine du XXème siecle; Brasília: CNPq, 1996, p.XVII-XXIII.

CASTELLO, J. O poeta negro. In: _____. *Inventário das sombras*. Rio de Janeiro, São Paulo: Record, 1999. p.57-71.

CASTRO, C. de. Humor. In: CEIA, C. (Coord.). *E-Dicionário de termos literários*. Disponível em: <http://www2.fcsh.unl.pt/edtl/verbetes/H/humor.htm>. Acesso em 12 jan. 2009a.

_____. Humor negro. In: _____. *E-Dicionário de termos literários*. Disponível em: <http://www2.fcsh.unl.pt/edtl/verbetes/H/humor_negro.htm>. Acesso em 12 jan. 2009b.

DERRIDA, J. Semiologia e gramatologia – Entrevista a Julia Kristeva. In: _____. *Posições*. Trad. Tomaz T. da Silva. Belo Horizonte: Autêntica, 2001. p.23-44.

_____. *A farmácia de Platão*. Trad. Rogério da Costa. São Paulo: Iluminuras, 2005. p.7-8.

ECO, U. *Apocalípticos e integrados*. Trad. Geraldo Gerson de Souza. São Paulo: Perspectiva, 1970. p.33-128.

FRANCO, R. *Itinerário político do romance pós-64: A festa*. São Paulo: Editora Unesp, 1998. p.15-70.

_____. Imagens da revolução no romance pós-64. In: SEGATTO, J. A.; BALDAN, U. *Sociedade e literatura no Brasil*. São Paulo: Editora Unesp, 1999. p.143-66.

FREUD, S. O humor. In: _____. *Edição standard brasileira das obras psicológicas completas de Sigmund Freud*. v.XXI. Trad. Jayme Salomão. Rio de Janeiro: Imago, 1974. p.187-94.

_____. Os chistes e a sua relação com o inconsciente. In: _____. *Edição standard brasileira das obras psicológicas completas de Sigmund Freud*. v.VIII. Trad. Jayme Salomão. Rio de Janeiro: Imago, 1977. p.21-265.

GAGNEBIN, J. M. Alegoria, morte, modernidade. In: _____. *História e narração em Walter Benjamin*. 2.ed. São Paulo: Perspectiva, 2004a. p.31-54.

HILDA HILST E O SEU PENDULEAR **197**

_____. Não contar mais? In: _____. *História e narração em Walter Benjamin*. 2.ed. São Paulo: Perspectiva, 2004b. p.55-72.

_____. Memória, história e testemunho. In: _____. *Lembrar escrever esquecer*. São Paulo: Editora 34, 2006. p.49-58.

GASPARI, E. *A ditadura envergonhada*. São Paulo: Companhia das Letras, 2002a.

_____. *A ditadura escancarada*. São Paulo: Companhia das Letras, 2002b.

GINZBURG, J. Literatura brasileira: autoritarismo, violência, melancolia. *Revista de Letras Unesp*, São Paulo, v.43, n.1, 2003. p.57-70.

HABERT, N. *A década de 70*: apogeu e crise da ditadura militar brasileira. 3.ed. São Paulo: Ática, 1996.

HEIDEGGER, M. Que é isto – a filosofia? In: _____. *Conferências e estudos filosóficos*. Trad. e notas Ernildo Stein. São Paulo: Nova Cultural, 1989. p.1-63.

HOLLANDA, H. B. de.; GONÇALVES, M. A. Política e literatura: a ficção da realidade brasileira. In: NOVAES, A. (Org.). *Anos 70*: literatura. Rio de Janeiro: Europa, 1979-1980. p.7-79.

HOUAISS, A. *Dicionário eletrônico Houaiss da língua portuguesa*. Versão monousuário 3.0. Editora Objetiva, jun. 2009. 1 CD-ROM.

HUTCHEON, L. *Uma teoria da paródia*: ensinamentos das formas de arte do século XX. Trad. Teresa Louro Pérez. Lisboa: Edições 70, 1989.

_____. *Poética do pós-modernismo*: história, teoria, ficção. Trad. Ricardo Cruz. Rio de Janeiro: Imago, 1991. p.9-137.

KAFKA, F. *Na colônia penal*. Trad. Modesto Carone. São Paulo: Paz e Terra, 1996.

KAYSER, W. *O grotesco*: configuração na pintura e na literatura. Trad. Jacó Guinsburg. São Paulo: Perspectiva, 2003.

KEHL, M. R. Humor, poesia e erotismo. In: _____. *Sobre ética e psicanálise*. São Paulo: Companhia das Letras, 2002. p.171-92.

KOTHE, F. R. *A alegoria*. São Paulo: Ática, 1986.

KRISTEVA, J. *Poderes de la perversión*: ensayo sobre Louis-Ferdinand Céline. Trad. Nicolás Rosa, Viviana Ackerman. México, Siglo Veintiuno Editores, 1989.

LIMA, L. C. O conto na modernidade brasileira. In: PROENÇA FILHO, D. (Org.). *O livro do seminário*: ensaios. São Paulo: L. R. Editores, 1983. p.172-218.

LISPECTOR, C. *A paixão segundo G. H.* Ed. crítica. Coord. Benedito Nunes. 2.ed. Paris: Association Archives de la Littérature Latino-américaine, des Caribes et Africaine du XXème siecle; Brasília: CNPq, 1996.

198 NILZE MARIA DE AZEREDO REGUERA

MILLIET, S. *Diário crítico II* (1944). 2.ed. São Paulo: Martins, Edusp, 1982. p.27.

MOISÉS, M. *Dicionário de termos literários*. 12 ed. rev. ampl. São Paulo: Cultrix, 2004. p.226.

NOLL, J. G. *A fúria do corpo*. Rio de Janeiro: Rocco, 1989.

NUNES, B. *O drama da linguagem*: uma leitura de Clarice Lispector. 2.ed. São Paulo: Ática, 1995.

OTTONI, P. John Langshaw Austin e a visão performativa da linguagem. *D.E.L.T.A.* n.18, v.1, 2002. p.117-143.

PAZ, O. Invenção, subdesenvolvimento, modernidade. In: _____. *Signos em rotação*. Trad. Sebastião Uchoa Leite. São Paulo: Perspectiva, 1972. p.133-7.

_____. *Os filhos do barro*: do romantismo à vanguarda. Trad. Olga Savary. Rio de Janeiro: Nova Fronteira, 1984. p.17-58, 133-204.

PENHA, J. da. *O que é existencialismo*. 15.reimp. São Paulo: Brasiliense, 2004.

PERNIOLA, M. *Pensando o ritual*: sexualidade, morte, mundo. Trad. Maria do Rosário Toschi. São Paulo: Studio Nobel, 2000.

PLATÃO. *Diálogos*. São Paulo: Nova Cultural, 1999.

REGUERA, N. M. de A. *Clarice Lispector e a encenação da escritura em A via crucis do corpo*. São Paulo: Editora Unesp, 2006.

ROSA, J. G. *Grande sertão: veredas*. Ed. comemorativa. Rio de Janeiro: Nova Fronteira, 2006.

ROSENBAUM, J. *Clarice Lispector*. São Paulo: Publifolha, 2002.

ROUANET, S. P. Apresentação. In: BENJAMIN, W. *Origem do drama barroco alemão*. Trad. e apres. Sergio Paulo Rouanet. São Paulo: Brasiliense, 1984. p.11-47.

SANT'ANNA, A. R. de. Anotações sobre a poesia brasileira de 1922 a 1982. In: PROENÇA FILHO, D. (Org.). *O livro do seminário*: ensaios. São Paulo: L. R. Editores, 1983. p.267-303.

SANTIAGO, S. Repressão e censura no campo das artes na década de 70. In: _____. *Vale quanto pesa*: ensaios sobre questões político-culturais. Rio de Janeiro: Paz e Terra, 1982. p.47-55.

_____. Fechado para balanço (60 anos de Modernismo). In: PROENÇA FILHO, D. (Org.). *O livro do seminário*: ensaios. São Paulo: L. R. Editores, 1983. p.70-100.

_____. A aula inaugural de Clarice Lispector. MAIS! *Folha de S. Paulo*, 7 dez. 1997, p.12-4.

SANTOS, A. C. dos. Desconstrução e visibilidade: a aporia da letra. In: NASCIMENTO, E. (Org.). *Jacques Derrida*: pensar a desconstrução. São Paulo: Estação Liberdade, 2005. p.257-68.

HILDA HILST E O SEU PENDULEAR 199

SARTRE, J.-P. *O ser e o nada*. 9.ed. Trad. Paulo Perdigão. Petrópolis: Vozes, 1997.

SCHØLLHAMMER, K. E. *Ficção brasileira contemporânea*. Rio de Janeiro: Civilização Brasileira, 2009.

SELIGMANN-SILVA, M. *O local da diferença*: estudos sobre memória, arte, literatura e tradução. São Paulo: Editora 34, 2005.

SUBIRATS, E. *Da vanguarda ao pós-moderno*. 3.ed.ampl. Trad. Luiz Carlos Daher, Adélia Bezerra de Menezes, Beatriz A. Cannabrava. São Paulo: Nobel, 1987.

SÜSSEKIND, F. *Literatura e vida literária*: polêmicas, diários & retratos. Rio de Janeiro: Jorge Zahar, 1985.

SOBRE O LIVRO

Formato: 14 x 21 cm
Mancha: 23,7 x 42,5 paicas
Tipologia: Horley Old Style 10,5/14
Papel: Offset 75 g/m² (miolo)
Cartão Supremo 250 g/m² (capa)
1ª edição: 2013

EQUIPE DE REALIZAÇÃO

Coordenação Geral
Marcos Keith Takahashi

Impressão e Acabamento:

psi 7

Printing Solutions & Internet 7 S.A